人工智能与智能教育丛书　袁振国 / 主编

徐显龙　著

INTELLIGENT REASONING AND DECISION MAKING

智能推理与决策

教育科学出版社
·北　京·

出 版 人　李　东
责任编辑　薛　莉
版式设计　私书坊　沈晓萌
责任校对　马明辉
责任印制　叶小峰

图书在版编目（CIP）数据

智能推理与决策 / 徐显龙著. —北京：教育科学出版社，2022.1
（人工智能与智能教育丛书 / 袁振国主编）
ISBN 978-7-5191-2957-6

Ⅰ. ①智…　Ⅱ. ①徐…　Ⅲ. ①人工智能—应用—决策学　Ⅳ. ①C349-39

中国版本图书馆CIP数据核字（2022）第014101号

人工智能与智能教育丛书
智能推理与决策
ZHINENG TUILI YU JUECE

出版发行	教育科学出版社		
社　　址	北京·朝阳区安慧北里安园甲9号	邮　　编	100101
总编室电话	010-64981290	编辑部电话	010-64989363
出版部电话	010-64989487	市场部电话	010-64989009
传　　真	010-64891796	网　　址	http://www.esph.com.cn
经　　销	各地新华书店		
制　　作	北京思瑞博企业策划有限公司		
印　　刷	北京联合互通彩色印刷有限公司		
开　　本	720毫米×1020毫米　1/16	版　　次	2022年1月第1版
印　　张	8.5	印　　次	2022年1月第1次印刷
字　　数	74千	定　　价	52.00元

丛书序言

人类已经进入智能时代。以互联网、大数据、云计算、区块链特别是人工智能为代表的新技术、新方法，正深刻改变着人类的生产方式、通信方式、交往方式和生活方式，也深刻改变着人类的教育方式、学习方式。

人类第三次教育大变革即将到来

3000年前，学校诞生，这是人类第一次教育大变革。人类开启了有目的、有计划、有组织的文明传递历史进程，知识被有效地组织起来，文明进程大大提速。但能够接受学校教育的人数在很长时间里只占总人口数的几百分之一甚至几千分之一，古代学校教育是极为小众的精英教育。

300年前，工业革命到来。工业化生产向每个进入社会生产过程的人提出了掌握现代科学知识的要求，也为提供这种知识的教育创造了条件，这导致以班级授课制为基础的现代教育制度诞生。这是人类第二次教育大变革。班级授课制极大地提高了教育效率，使得大规模、大众化教育得以实现。但是，这种教育也让人类付出了沉重的代价，人类教育从此走上了标准化、统一化、单一化道路，答案标准、节奏统一、内容单一，极大地限制了人的个性化和自由性发展。尽管几百年来人们进行了各种努力，力图通过学分制、选修制、弹性授课制等多种方式缓解和抵消标准化班级授课制带来的弊端，但总的说来只是杯水车薪，收效甚微。

今天，网络化、数字化特别是智能化，为实现大规模个性化教育提供了可能，为人类第三次教育大变革创造了条件。

人工智能助力实现教育个性化的关键是智适应学习技术，它通过构建揭示学科知识内在关系的知识图谱，测量和诊断学习者的已有水平，跟踪学习者的学习过程，收集和分析学习者的学习数据，形成个性化的学习画像，为学习者提供个性化的学习方案，推送最合适的学习资源和学习路径。在反复测量、推送、跟踪学习、反馈的过程中，把握学习者的最近发展区①，为每个人提供最适合的学习内容和学习方式，激发学习者的学习兴趣和学习热情，使学习者获得成就感、增强自信心。

智能教育将是未来十年人工智能发展的“风口”

人工智能正在加速发展。从人工智能概念的提出，到

① 最近发展区理论是由苏联教育家维果茨基（Lev Vygotsky）提出的儿童教育发展观。他认为学生的发展有两种水平：一种是学生的现有水平，指独立活动时所能达到的解决问题的水平；另一种是学生可能的发展水平，也就是通过教学所获得的潜力。两者之间的差异就是最近发展区。教学应着眼于学生的最近发展区，为学生提供带有难度的内容，调动学生的积极性，使其发挥潜能，超越最近发展区而达到下一发展阶段的水平。

人工智能的大规模运用，花费了50年的时间。而从深蓝（Deep Blue）到阿尔法狗（AlphaGo），再到阿尔法虎（AlphaFold），人工智能实现三步跨越只用了22年时间。

1997年5月，IBM的电脑深蓝在一场著名的人机对弈中首次击败了国际象棋大师加里·卡斯帕罗夫（Garry Kasparov），证明了人工智能在某些情况下有不弱于人脑的表现。深蓝的主要工作原理是用穷举法，列举所有可能的象棋走法，并利用为加速搜索过程专门设计的“象棋芯片”，采用并行搜索策略进一步加速，在搜索广度和速度上战胜了人类。

2016年3月，谷歌机器人阿尔法狗第一次击败职业围棋高手李世石。阿尔法狗的主要工作原理是“深度学习”。深度学习（deep learning）是一种复杂的机器学习算法，它试图模仿人脑的神经网络建立一个类似的学习策略，进行多层的人工神经网络和网络参数的训练。上一层神经网络会把大量矩阵数字作为输入，通过非线性加权和激活函数运算，输出另一个数据集合，该集合作为下一层神经网络的输入，反复迭代构成一个“深度”的神经网络结构。深度学习本质上是通过大数据训练出来的智能，其最终目标是让机器能够像人一样具有分析学习能力，能够识别文字、图像和声音等数据。

2019年谷歌的阿尔法虎可以仅根据基因“代码”来预测生成蛋白质3D形状。蛋白质是生命存在的基础，和细胞组成内容息息相关。蛋白质的功能取决于它的3D结构，通过把基因序列转化为氨基酸序列，绘制出蛋白质最终的形状，是科学家一直在研究和探讨的前沿科学问题。一旦研究得出结果，将帮助我们解开生命的奥秘。阿尔法虎的工作原理是使用数千个已知的蛋白质来训练一个深度神经网络，利用该神经网络来预测未知蛋白质结构的一些关键参数，如氨基酸对之间的距离、连接这些氨基酸的化学键及它们之间的角度等，从而发现蛋白质的3D结构。

深蓝是经典人工智能的一次巅峰表演，通过算法与硬件的最佳结合，将传统人工智能方法发挥到极致；阿尔法狗是新兴的深度学习技术最具成就的一次展示，是人工智能技术的一次质的飞跃；阿尔法虎则是新兴深度学习技术在应用上的一次突破，超乎想象地完成了人难以完成的蛋白质结构学习这个生命科学领域的前沿问题。从深蓝到阿尔法狗用了近20年时间，从阿尔法狗到阿尔法虎只用了3年时间。人工智能技术更新迭代的速度越来越快，人工智能应用场景也从棋类等高级智力游戏向生物医学等科学前沿转变，这将从方方面面影响甚至改变人类生活。随着人工智能从感知智能向认知智能发展，从数据驱动向知识与数据联合驱动跃进，人工智能的可信度、可解释性不断提高，应用的广度和深度无疑将会得到难以想象的拓展。

教育是人工智能应用的最重要和最激动人心的场景之一，正在成为人工智能的下一个“风口”。国家主席习近平向2019年在北京召开的国际人工智能与教育大会所致贺信中指出：“中国高度重视人工智能对教育的深刻影响，积极推动人工智能和教育深度融合，促进教育变革创新，充分发挥人工智能优势，加快发展伴随每个人一生的教育、平等面向每个人的教育、适合每个人的教育、更加开放灵活的教育。”同年10月，中国共产党第十九届四中全会通过了《中共中央关于坚持和完善中国特色社会主义制度推进国家治理体系和治理能力现代化若干重大问题的决定》，明确提出在构建服务全民终身学习的教育体系中，应发挥网络教育和人工智能优势，创新教育和学习方式，加快发展面向每个人、适合每个人、更加开放灵活的教育体系。把握历史机遇，抢占人工智能高地，引领人类第三次教育变革，时不我待。

智能教育前景无限、任重道远

人工智能在教育场景的应用，与工业、金融、通信、交通等场景不同，与医疗、司法、娱乐等场景也有显著的不同，它作用的对象是人，是人的思想、感情、人格，因而不仅仅要提高效率、赋能教育，更要关注教育的特殊性，重塑教育。但到目前为止，人工智能在教育中的运用尚停留于教育的传统场景，是以技术为中心，是对现有教育效能的强化，对现有教育效率的提高。至于现有教育效能是否需要强化，现有教育效率是否需要提高，尚缺乏思考，更缺少技术应对。我把目前这种状态称为“人工智能 + 教育”。而我们更需要的是基于促进人的发展的需要的智能教育，是以人的发展为中心，以遵循教育规律为旨归，它不仅赋能教育，更是重塑教育，是创设新的教育场景，促进教育的变革，促进人的自由的、自主的、有个性的发展，我把它称为“教育 + 人工智能”。

智适应学习的研究和运用目前也尚处于知识教学的层面，与全面育人的理念和教育功能相差甚远。从知识学习拓展到能力养成、情感价值熏陶，是更大的目标和更大的挑战。研发 3D 智适应学习系统，即通过知识图谱、认知图谱、情感图谱的整体开发，实现知识、能力、情感态度教育的一体化，提供有温度的智能教育个性化学习服务。促进学习者快学、乐学、会学，促进学习者成长、成功、成才，是“教育 + 人工智能”的出发点，也是华东师范大学上海智能教育研究院的追求目标。

培养智能素养，实现人机协同

人工智能不仅正进入各行各业，深刻改变所有行业的面貌，而且影响到我们每个人的生活；不仅为智能教育的发展创造了条件，也提出了提高教师运用智能教育技术改进教学方式的能力的要求，提出了提高全民智能素养的要求。关键的一点是学会人机协同。在智能时代，能否人机互动、人机协同，直接关系到一个人的工作效能，关系到学生学习、教师教学的效能和价值，也关系到每个人的生活能力和生活质量。对全体国民来说，提高智能素养，了解人工智能的基本原理、功能和产品使用，就如同工业革命到来以后，了解现代科学的知识一样，已成为每个公民的必备能力和基本素养。为此，我们组织编写了这套“人工智能与智能教育丛书”。

本丛书聚焦人工智能关键技术和方法，及其在教育场景应用的潜在机会与挑战，提出智能教育的未来发展路径。

为了编写这套丛书，我们组建了多学科交叉的研究团队，吸纳了计算机科学、软件工程、数据科学、心理科学、脑科学与教育科学学者共同参与和紧密结合，以人工智能关键技术为牵引，以教育场景应用为落脚点，力图系统解读人工智能关键技术的发展历史、理论基础、技术进展、伦理道德、运用场景等，分析在教育场景中的应用形式和价值。

本丛书定位于高水平科学普及，人人需看；秉持基础性、可靠性、生动性，从读者立场出发，理论联系实际，技术结合场景，力图通俗易懂、生动活泼，通过故事、案例的讲述，深入浅出、图文并茂地讲清原理、技术、应用和前景，希望人人爱看。

组织和参与这样一个跨越多学科的工程，对我们来说还是第一次尝试，由于经验和能力有限，从丛书整体策划到每一分册的写作，一定都存在许多不足甚至错误，诚恳希望读者、专家提出批评和改进建议。我们将不断更新迭代，使之不断完善。

华东师范大学上海智能教育研究院院长　袁振国

2021年5月

目 录

前言

喻义与本义：成语新解初探推理与决策

当这本书被读者捧在手中时，我猜测，可能有如下几种原因：有的读者可能被“智能”所吸引，想要了解人工智能技术和教育能够碰撞出哪些火花，呈现这些“火花”是本丛书的任务，本书自然也承担着这项任务；有的读者可能感兴趣于“推理与决策”，想要了解在人工智能技术支持下的教育领域中，推理与决策是什么样子的；还有的读者见到此书可能是出于一种“缘分”，喜欢它的装帧、欣赏它的作者、倾心它的内在，甚至想给它把把脉、挑挑刺，评鉴批判一番……

无论如何，有一个问题绕不开，那就是“推理与决策到底是什么”。如果搞不清推理与决策是什么，这本书便扮演不好它在丛书中的角色，显得文不对题、苍白无力；如果搞不清推理与决策是什么，人工智能技术便发挥不出它对教育推理决策的作用；如果搞不清推理与决策是什么，一见钟情于本书的人终将与之分道扬镳，欲批判此书的人也将老虎吃天——无从下口……

诚然，回答“推理与决策到底是什么”这一问题是个不简单的工作。我尝试使用兼具专业性、通俗性、简练性、准确性的语言来描述“推理与决策”，但实践表明，做不到。不过，在这个过程中，我有种强烈的感觉：在向他人描述一个概念、阐述一个观点时，“成语”也许能够发挥重要的作用。众人皆说，成之于语，故成语。成语往往是固定的，是约定俗成的；成语往往不仅表达其字面意思，更重言外之意；成语往往表达一种情感倾向，常常褒贬分明。既然如此，何不借用一些成语来对“推理与决策”做出阐释？

不妨来看如下成语，我从《现代汉语词典（第 7 版）》中找到了它们的释义。

- 顺藤摸瓜：比喻沿着发现的线索追究根底。
- 按图索骥：按照图像寻找好马，比喻按照死规矩机械、呆板地做事，也泛指按照线索寻找目标。
- 拨云见日：拨开乌云，看见太阳。比喻冲破黑暗，见到光明，也比喻疑团消除，事情明朗等。
- 看风使舵：比喻态度、做法等跟着情势转变方向（含贬义）。
- 随波逐流：随着波浪起伏，跟着流水漂荡，比喻自己没有主见，随着潮流走。
- 守株待兔：比喻不主动地努力，而存万一的侥幸心理，希望得到意外的收获。也比喻死守狭隘的经验，不知变通。
- 刻舟求剑：比喻拘泥成例，不知道跟着情势的变化而改变看法或办法。

- 缘木求鱼：《孟子·梁惠王上》："以若所为，求若所欲，犹缘木而求鱼也。"用那样的办法来追求那样的目的，就像爬到树上去找鱼一样。比喻方向、方法不对，一定达不到目的。

但是，本着"六经注我"的原则，这里暂不需要个别成语的比喻义，而单借其字面意思来表达"推理与决策"的意思。基于此，我想重新阐释一下几个成语。

- 顺藤摸瓜：顺着藤蔓寻找瓜果。
- 按图索骥：按照图像寻找好马。
- 守株待兔：守着木桩等待野兔。
- 缘木求鱼：爬到树上寻求游鱼。

……

发现没有，抛开成语的比喻义，从字面意思上看，上述成语都表示：为了达成某种目的，而采取某种手段。使用该手段达到目的的过程即一种推理与决策过程。

进一步考察以上成语，可发现它们所体现的推理决策方法不一：顺着藤蔓找瓜是一件简单的事情，只要结了瓜，顺着藤蔓摸，闭着眼都能摸到；按照图像找马就相对难一些了，闭着眼肯定不行，图像画得不好也不利于寻找，这里需要人的经验和主观判断；守着木桩等兔子，其实无可厚非，因为确实曾有一只兔子撞死在木桩上，只是由于那个人的主观经验不够全面，单纯依靠某一经验或认知，所以其结果可想而知；爬到树上找鱼比守着木桩等兔子更有意思，估计这位没有见过鱼吧，如果是这样，那么他勇于探索的精神还是值得肯定的，只是方法就不值一提了，其实可以问问有经验的人嘛。

不同的成语体现了不同的推理决策方法，这正好与本书中将要展开的论述不谋而合。相关研究和实践表明，可能存在较为明显的三类推理与决策问题：结构化问题、半结构化问题、非结构化问题。什么意思呢？不妨借助成语来解释一下。

处理结构化问题就像“顺藤摸瓜”，有明确的路径。只需遵循这个路径、这个方法，“闭着眼”都能解决这类问题。

解决半结构化问题就像“按图索骥”，有一些指引但仅凭这些又达不到目的，它需要人的主观经验和判断参与其中。

破解非结构化问题就更不简单了。我们没有找到一个较为合适的成语来形容它，因此将成语“煮豆燃萁”转化为“燃萁煮豆”用于阐述。对于“煮豆燃萁”，大家通过广为流传的曹植《七步诗》的故事都已经熟悉，其比喻兄弟间自相残害。此处只取“燃萁煮豆”的字面意思。

- 燃萁煮豆：燃烧豆萁烹煮豆子。

我认为，破解非结构化问题就像“燃萁煮豆”，在没有任何经验凭据的情况下，通过自身的经历来解决问题。“煮豆”是目的，但是没有其他燃料可以使用，于是就燃烧豆萁（豆萁和豆子同根、同类、同属）来煮豆。这里体现的不是“相煎”，而是一种自我牺牲、自我学习的伟大精神。非结构化问题的解决大体如此。

上述内容可能有些“云山雾罩”，但其实推理与决策有时就是这么“玄之又玄”。按照我的推理链，我认为已经讲得较为清晰了，但总会有人有不同意见。我特别理解，因为这正是推理与决策的魅力所在，不是吗？

希望您能和我一起开启一场美妙的推理与决策之旅，哦，对了，不要忘了“智能”呦！

出发！

一 追本溯源：通俗易懂的智能推理与决策

推理与决策：逻辑对错与价值选择

从前言中对成语的重新解释可以看到，许多成语含有推理与决策的意思。推理与决策的含义究竟是什么？两者有什么异同？突出特点是什么？我将在本节进行讨论。

不妨先来看一下在现代汉语的一般情境下这两个词的含义，以下是《现代汉语词典（第 7 版）》中的释义。

【推理】（动）逻辑学指思维的基本形式之一，是由一个或几个已知的判断（前提）推出新判断（结论）的过程，有直接推理、间接推理等。

【决策】①（动）决定策略或办法：运筹～。②（名）决定的策略或办法：明智的～。

推理

上述对推理的解释已经非常明了：由已知判断推出新判断的过程就是推理。需要关注的是，推理关心的是推理形式的对错（有效 / 无效），而不太关心判断（前提和结论）的真假。从推理的角度审视前文中的成语，可以做出如下表述。

顺藤摸瓜：瓜都长在藤上（前提），顺着藤能找到瓜（结论）。

按图索骥：好马都长得像图上这样（前提），按照图能找到好马（结论）。

守株待兔：兔子会自己撞死在树桩上（前提），守在树桩边能等到兔子（结论）。

缘木求鱼：鱼生在树上（前提），爬上树能找到鱼（结论）。

……

从推理的角度看，在不关心判断真假的情况下，上述成语蕴含的推理过程是没问题的，或者说是有效的。把实际经验考虑进去，对前提进行真假判断，进而考察结论真假的过程，我们一般称为论证。论证是要考虑判断的真假的，而推理往往只是其中的一个环节。因而，好的论证一定是有对的（有效的）推理做支撑的，而错的（无效的）推理不会产生好的论证。这里的对 / 错（有效 / 无效）是针对推理形式而言的，也就是看是否符合逻辑。至于有效的推理形式是怎样的，后文会展开讲。这里只要清楚，推理是一种逻辑思维的表现，它关心的是推理形式的对错。

决策

词典对决策的解释较为简单，我们取其动词的解释并稍加扩展，可以将决策解释为：对各种各样的方案进行评估比较后做出最终选择的过程。

从决策的定义来看，其过程必然涉及几个要素：多种方案、评估比较、做出选择。首先，需要决策的时候必然是面对至少两种方案的时候，如果有且仅有一种方案，是不需要做选择的；然后，几种方案可能指向不同的结果，或者需要运用不同的资源，因而接下来要依据目标确定评估标准，对多种方案进行比较，明晰各自优劣；最后，必然要做出一种选择。与推理不同的是，在决策中，需要尽可能全面而具体地考虑现实情况，对相关因素、情境、条件等进行详尽的了解，并在任务目标的指引下，综合考虑各种限制性条件，做出选择。因此，决策的过程，很大程度上是价值选择的过程。面对不同类型的决策问题，需要在既定的结构化路径和现实的情境之间做出平衡，这种理想与现实、条理与紊乱之间的拉扯，就是决策的张力所在，也是其魅力所在，我们将在后文中对决策进行深入阐述。

通过以上对推理和决策所关注问题角度的阐述，可以看到：推理为决策提供形式路径，保障决策过程的逻辑性；决策为推理指引价值方向，增强推理结果的现实性；两者相辅相成，共同构成科学的决策推理过程。

当下是人工智能的时代。什么是人工智能呢？通俗点说，人工智能研究的一个主要目标是使机器能够胜任一些通常由人类智能完成的复杂工作。说得更明白一些，就是让机器模仿人的思维过程，从而使其具有某些或者全部人的思维能力。推理本质上是一种思维的形式，所以，一些推理，人工智能能不能做？当然能！决策过程中的数据收集、分类、对比、分析等，人工智能能不能做？也能！那么，人工智能时代的推理与决策有什么不一样呢？一方面，人工智能可以通过学习人的思维，代替人完成推理；另一方面，人工智能可以做出比较和取舍，协助人完成决策。这就是推理和决策中人工智能的用武之地。我们将在后文展开论述。

归纳与演绎：推理的思维逻辑

从逻辑哲学视域来看，逻辑的本质是什么或者它应该是什么还是一个比较模糊的问题，通常人们将逻辑看作对推理或推理关系的研究，因为逻辑对人类实践活动的一个明显的作用在于使人类的推理更为合理。逻辑典型的理论形态是由推理的规则构成的。而推理是逻辑学中思维的基本形式之一，对推理规则的研究事实上已经涉及了逻辑本质的问题。在一个推理中，有前提和结论，而从前提得出结论需要推理的规则作为指引，如果推理遵守了恰当的规则，它就是有效的。按照思维方向，推理主要可分为归纳推理、演绎推理和类比推理等，下面主要介绍前两种。

归纳推理

归纳推理的概念

归纳是指由一系列具体的事情概括出一般原理的过程。作为认识世界的思维方式，它直观直接，符合人们的经验。作为一种用于获得可靠结论的推理方法，它在近现代科技进步中发挥了巨大作用，因而深入人心，广受信任。但我们要区分它作为思维方式和作为推理方法的不同。作为推理方法，它有赖于一系列复杂的规则，要比思维方式复杂得多（王太忠，2013）。把“举例论证”当作归纳推理，认为列举事例就能使结论可靠有效，这其实是对逻辑学的发展历程缺少认识，混淆了思维和逻辑的表现。归纳推理的或然性不利于论证。通过有限枚举来推导一般原理，或通过类比由个例推到个例，都是不完全归纳，属于或然性推理。最常见的逻辑漏洞有两种：“少量取样，管窥蠡测”和“片面取样，以偏概全”（只选择对观点有利的证据）。科学中的归纳推理虽然也是不完全归纳，但在人类认识科学的过程中发挥了巨大作用。这要归功于 19 世纪后形成的一系列规则、方法，如英国穆勒的《逻辑体系》中的“穆勒五法”：契合法、差异法、契合差异并用法、共变法和剩余法。这说明归纳推理不是简单的举例，而是有着非常复杂的规则要求的，通过正反比较、求同求异、抽丝剥茧、去芜存菁、去粗存精、反复分析因果条件才能有效得出可靠结论。科学归纳推理还有适用性限制。如上述规则表明，科学归纳推理适用于条件可控、场合有限、可以重复验证的科学实验。归纳推理是建立在大量现象之上的，它依赖于对相关信息的深入了解和充分掌握。归纳推理的作用在大数据时代下更加凸显，我们要关注新信息的来源并将其与可替换的来源进行比较。新信息的可靠性依赖其来源的可靠性，对于新信息的评价也要借助与其他可替换信息的比较。在处理大量信息的过程中，归纳推理主要以发现因果关系为目标，这不同于证明某个论题的真实性，两者的思维过程、形式特征差异较大。由此可知，归纳推理的特点使它难以成为构建论证结构的主要推理方法。

归纳推理的实例

（1）逻辑应用实例

例如："已知欧洲有矿藏，亚洲有矿藏，非洲有矿藏，北美洲有矿藏，南美洲有矿藏，大洋洲有矿藏，南极洲有矿藏，而欧洲、亚洲、非洲、北美洲、南美洲、大洋洲、南极洲是地球上的全部大洲，所以，地球上所有大洲都有矿藏。"其逻辑形式如下：

S_1 是 P；

S_2 是 P；

…………

S_n 是 P；

S_1，S_2，…，S_n 是 S 的全部对象；

所以，所有 S 都是 P。

（2）教育应用实例

例如：①将下列数分类：3，5，8，11，13，16，18；②计算并将结果进行分类：51 ÷ 3 = ；19 ÷ 6 = ；

10 ÷ 5 = ；27 ÷ 5 = ；56 ÷ 3 = ；77 ÷ 2 = 。

第一题首先要求学生认真观察这组数，然后根据学过的知识来建立自己的划分标准，不设标准答案，例如可以按奇偶性进行分类，也可以按数的位数进行分类，只要符合规律就可以，从而形成对规律的初步认识。第二题要求学生先算出结果，再观察这些结果，大胆猜想，确定标准，做出分类，并运用自己的语言进行描述（雷凤兰，2006）。

归纳推理的基本思想与特点

在归纳推理的初级阶段，要学会根据所学知识确立一定标准，并按照标准进行分类；在问题解决的过程中，要能够形成对规律的基本认识；要学会用自己的语言提出猜想；要能够在体验活动的过程中积累经验。

归纳推理的特点是：在前提中考察了一类事物的全部对象，结论没有超出前提所断定的知识范围，因此，其前提和结论之间的联系是必然的。

归纳推理的要素与步骤分别如图 1-1、图 1-2 所示。

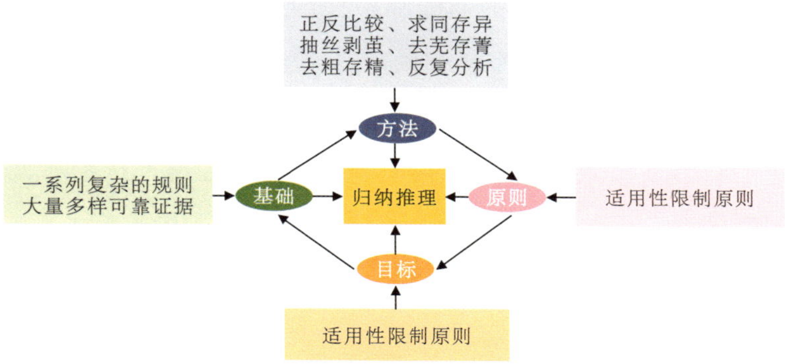

图 1-1 归纳推理的要素

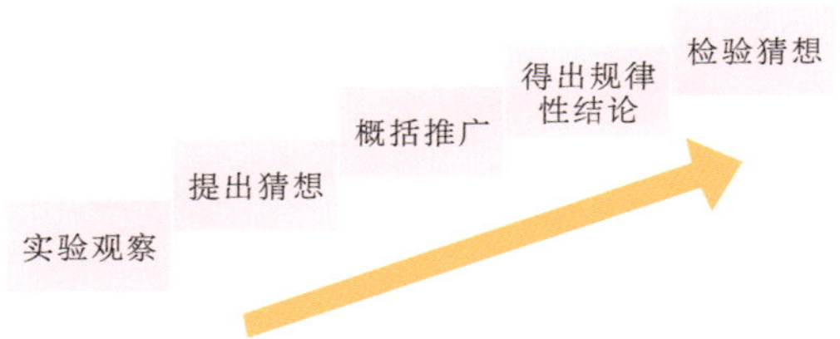

图 1-2　归纳推理的一般步骤

演绎推理

演绎推理的概念

演绎推理是由一般原理推出关于特殊情况的结论的过程。作为一种思维方式，它的出现时间晚于归纳推理；但作为一种推理方式，它在古希腊时期就已形成，早于归纳推理。它是人们认识思维、研究思维的结晶。长期以来，演绎推理属于以思维的形式和规律为研究对象的逻辑学。它对发展思维能力、提升思维水平有重要作用。时至今日，演绎推理仍是保证思维逻辑性的主要手段。首先，演绎推理是认识思维的结晶，能有效规范思维。它将混沌的、飘忽不定的思维归结为概念、判断和推理三种基本形式，并对概念的界定、判断的明晰和推理的规范提出了具体的要求和可行的方法，具有极强的可操作性。同一律、矛盾律、排中律和充足理由律等逻辑规律也有助于发现谬误，规范思维。其次，演绎推理具有极强的形式特征与严格的格式规则要求，因此有利于保证决策思维的合理性和严谨性。

它形式多样、种类繁多，能够涵盖思维的各种变化，具有广泛的适用性。它具有以下几个特点：第一，它是以一般原理为基础的推理；第二，它需要结合具体事例展开分析；第三，它主要被用于分析普遍原理和具体情况之间、事物与事物之间的必然联系，更适用于根据大数据对未来智能行业的决策分析；第四，它侧重思辨，不需要旁征博引，对知识积累要求不高；第五，它侧重分析多于侧重综合，要求深入现象把握本质，而不强调统揽全局、全盘把握；第六，它不同于归纳推理侧重总结经验，而更侧重指导实践（特别是决策）。

演绎推理是严格的逻辑推理，一般表现为含有大前提、小前提和结论的三段论，即从两个反映客观世界对象的关系的判断中得出新的判断的推理形式（见图 1-3）。如："自然界一切物质都是可分的，基本粒子是自然界的物质，因此，基本粒子是可分的。"正确的演绎推理的基本要求是：第一，大、小前提的判断必须是真实的；第二，推理过程必须符合正确的逻辑形式和规则。演绎推理的正确与否首先取决于大前提的正确与否，如果大前提错了，结论自然不会正确。

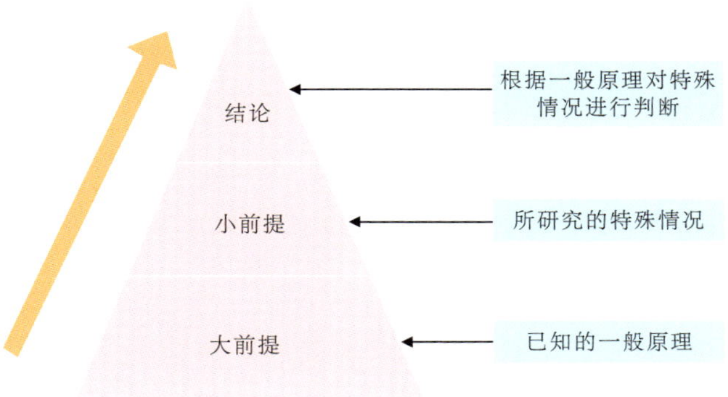

图 1-3 演绎推理的程序——三段论

演绎推理的实例

（1）教育应用实例

例如："知识分子都是应该受到尊重的，人民教师都是知识分子，所以，人民教师都是应该受到尊重的。"

结论中的主项叫作小项，用"S"表示，如上例中的"人民教师"；结论中的谓项叫作大项，用"P"表示，如上例中的"应该受到尊重"；两个前提中共有的项叫作中项，用"M"表示，如上例中的"知识分子"。（余其铨，1992）

在三段论中，含有大项的前提叫作大前提，如上例中的"知识分子都是应该受到尊重的"；含有小项的前提叫作小前提，如上例中的"人民教师都是知识分子"。三段论推理的过程是，根据两个前提所表明的中项 M 与大项 P 和小项 S 之间的关系，通过中项 M 的媒介作用，从而推导出确定小项 S 与大项 P 之间关系的结论 。

（2）生活应用实例

假设你正在去饭店的路上，你想要用你唯一的信用卡——美国运通卡付餐费。你给饭店打电话说："你们接受美国运通卡吗？"饭店服务员答复说："我们接受所有的主流信用卡。"现在你能有把握地得出结论——他们接受美国运通卡。为了了解其中的原因，我们来重新表示你所做的"替换"，使它符合古希腊哲学家亚里士多德 2000 多年前所提出的三段论结构。

前提 1：这家饭店接受所有的主流信用卡。

前提 2：美国运通卡是一种主流信用卡。

结论：这家饭店接受美国运通卡。

亚里士多德关心能够产生有效结论的陈述之间的逻辑关系。演绎推理就包括对于这样的逻辑规则的正确运用。

归纳推理与演绎推理的联系

演绎推理如果要以一般性知识为前提（演绎推理未必都要以一般性知识为前提），则通常要依赖归纳推理来提供一般性知识。

归纳推理离不开演绎推理。其一，为了提高归纳推理的可靠程度，需要运用已有的理论知识，对归纳推理的个别性前提进行分析，把握其中的因果性、必然性，这就要用到演绎推理。其二，归纳推理依靠演绎推理来验证自己的结论。例如：俄国化学家门捷列夫通过归纳发现元素周期律，指出元素的性质随元素原子量的增加而呈周期性变化；后来，他用演绎推理发现，原来测量的一些元素的原子量是错的，于是，他重新安排了它们在周期表中的位置；他还据此预言了一些尚未发现的元素，指出周期表中应留出空白位置给未发现的元素。

逻辑学史上曾出现过两个相互对立的派别——全归纳派和全演绎派。全归纳派把归纳说成是唯一科学的思维方法，否认演绎在认识中的作用。全演绎派把演绎说成是唯一科学的思维方法，否认归纳的意义。二者的观点都是片面的。正如恩格斯所说："归纳和演绎，正如分析和综合一样，是必然相互联系着的。不应当牺牲一个而把另一个捧到天上去，应当把每一个都用到该用的地方，而要做到这一点，就只有注意它们的相互联系，它们的相互补充。"（巴

班斯基，2009：14）

归纳推理与演绎推理主要的不同点在于思维方式、前提与结论。

首先是思维方式不同。演绎推理是从一般到个别的过程，即从普遍的一般的事物到个别的具体的特殊的事物的过程。归纳推理则与之不同，它是从个别到一般的过程，即先对个别的具体的事物进行观察与分析，然后得出普遍的一般的规律。

其次是前提和结论不同。从数量上看，归纳推理的前提大于演绎推理的前提，因为归纳推理要考虑到所有的个体，而且所有的个体都是归纳的前提。相比归纳推理，演绎推理的前提可以是一个或几个，然后根据前提推导出结论。从范围上看，归纳推理得出的结论往往超出了前提的范围，而演绎推理所得出的结论包含在前提之中。从有效性上看，演绎推理的前提可以假设，既然可以假设，那么它可为真也可为假。如果前提为真，推理正确，符合假设，即假设为真。如若假设为假，在推理过程中推出矛盾，则所得结论与假设相反。演绎推理只要前提为真且符合规则，其结论就必然为真。归纳推理则不同，其结论不必然为真，可靠程度弱于演绎推理。

总之，归纳推理和演绎推理不是截然对立的，它们共处于逻辑推理这个大的背景之下，二者相结合才能形成一个完整的逻辑体系。人类认识客观事物的两种最普遍的思维方法就是归纳推理和演绎推理，它们也是逻辑学所研究的两种最基本的推理形式。逻辑通过形式这条主线将归纳推理和演绎推理连接起来。二者各有利弊，各有所长。在人的认识过程中，它们各自发挥特有的优势，不可相互替代，亦不是此消彼长的关系。

条理与紊乱：决策的内在张力

决策过程

顾名思义，决策指决定策略或办法。主体为实现一定目标，从可供选择的方案、策略、途径等中选择最优解的这一决断行为，被称为决策（西蒙，1982）。决策者做决定前需要围绕特定的目标，根据客观的可能性，在具备一定信息和经验的基础上，借助一定的工具、技巧和方法，对影响目标实现的诸因素进行分析、计算、判断和选优。西蒙（H. A. Simon）将决策的一般过程分为以下四个基本阶段（西蒙，1982）。

①信息收集阶段：在决策环境中探寻信息，进行信息的收集、筛选、加工、分析，甄别影响决策的因素。作为决策过程的第一步，这实质上要求决策主体识别和描述问题。

②设计阶段：利用信息收集阶段获取的情报，借助一定的工具和技巧，开发设计实现目标的各种可行方案并预测实施方案可能出现的结果。

③选择阶段：遵循一定的法律和道德准则，从可行方案中挑选出最优解。

④实施阶段：执行所选择的方案，关注跟踪实施过程，根据反馈信息优化方案。

问题类型

生活中的问题并不都处在简单明了的环境中，也不一定有现成的方案可供决策者选择。我们可以尝试用结构化程度描述问题的复杂程度，把不同问题简单地划分为结构化问题、非结构化问题和半结构化问题三种。

结构化问题相对简单、直接，决策者能用明确的语言和模型对问题加以描述，并可依据一定的通用模型和决策规则实现最优决策的基本自动化。在工业生产中，生产者关心的利润问题就是一个结构化问题，生产者只需要确定投入量就能通过固定的算式计算出生产成本和利润。

与之相反，非结构化问题是一类难以掌控的、环境中能利用的信息有限的、没有固定的规律和通用模型的问题。解决此类问题的不确定性很大，主要依赖决策者的学识、经验、直觉和决策风格等个性特点，比如：新冠肺炎疫情暴发后，由于专家学者们能获取的关于新型冠状病毒的信息有限，事发之突然和波及范围之广超乎所料，人们只能依据自身防疫经验采取紧急的防控措施。

半结构化问题的复杂程度介于上述两者之间，解决此类问题一般有一定的规律和算法可遵循，能建立适当的模型，但仍需要在决策中加入决策者的思考和判断，决策结果因人而异。填报高考志愿就是一个常见的半结构化问题。考生可以获悉自己的高考分数、历年的录取分数线和最低录取名次等信息，但不能仅凭这些信息自动生成报考方案，仍需要考虑个人情况做出选择。

决策就像是选择一条正确通往目的地的路，人们必然不希望路途坎坷、环境恶劣，因此当人们遇到问题的时候总是希望化繁为简，试图在复杂的问题情境中找到章法或者线索，这其实是把问题结构化的过程。问题之所以是非结构化的，与问题本身和决策主体两方面的因素有关：一方面，问题本身的可表示性较低，不能得到精确的描述；另一方面，主体不熟悉问题状态之间的转变，或者缺乏解决问题所需的定性和定量的知识。（Smith，1989）

决策张力

智能技术渗透进各个领域，它作为一个外部因素作用于决策过程，有效促进问题结构化所需条件的生成，更好地服务于问题结构化。我们有必要讨论智能技术与人类在决策过程中的分工和地位问题。在生产生活中，人们追求决策的自动化是为了提高效益。在工厂中，我们希望看到有条不紊的流水线高效精准地运行；在农业方面，我们期望通过智能灌溉系统全面而及时地照料农作物；在金融方面，投资者希望技术能有效预测走势，帮助自己规避风险；等等。我们仿佛可以看到技术成功地把问题结构化，并生成让人满意的方案，而人可以很放心地依托技术完成工作，甚至有的时候用技术代替自己劳动。

然而，教育领域的问题并不是单纯的科学问题或管理问题。我们需要审视在教育决策过程中，智能技术会带来何种便利与存在何种弊端。智能技术在教育中的运用有着致命的弱点——体验缺失、情感缺失以及文化缺失，而人类正是富含主观感受的决策者，因此在教育决策过程中需要平衡人类与技术的角色。

在分层教学中，大数据能准确地统计各个学生的客观学情表现，并进行层级划分。假如教师完全依赖数据的反馈，遵循智能技术的指令开展下一步的教学，很容易出现以偏概全的情况，忽略学生的个性化特点。大数据只能反映学生的成绩表现，无法从学生的学习状态、自我效能感等方面做出评价，此时需要教育者发挥人类的主观能动性，介入并干预智能技术自动化形成教学路径的过程。诚然，教育也要追求“效益”，但教育的对象是具有主观能动性的人，所以教育中的“效益”并不是量的增长，而是学生“质”方面的提升。

学习与取舍：技术的用武之地

在智能技术出现后，作为人类智能行为中的重要且高级的思维方式，推理与决策自然也“不可免俗”地朝着智能推理与决策的方向发展。人工智能已经在很大程度上实现了对人的替代，不仅是在体力方面，更重要的是在脑力方面。“我思故我在”“人是一根会思考的芦苇”，思考这一人类引以为豪的天然优势似乎正在逐渐消解。

推理与决策不只需要把以往的类似案例找出来，还涉及很多相关的知识。决策意见的形成受制于决策者的个人倾向、教育背景等因素，呈现出因人而异的特点，因此对于同一问题，不同决策者、不同决策团体的决策方案可能大为不同。在推理与决策的过程中，如何将海量的非结构化问题转换成半结构化问题甚至结构化问题至关重要。

人脑是已知最有效的非结构化信息处理系统。智能技术作为一种解决非结构化、半结构化问题的有效技术，能为推理和决策做些什么，可以在哪些阶段辅助推理和决策呢？在回答这个问题之前，我们先来看看数据科学家、人工智能研究者、商业智能开发者曾做过哪些尝试。

决策支持

20 世纪 70 年代，美国学者莫顿（M. S. Morton）首先提出了决策支持系统（Decision Support System，DSS）的概念。决策支持系统是指综合利用大量数据，有机组合众多模型（包括数学模型和数据处理模型等），通过人机交互的方式，辅助各级各类决策者实现科学决策的系统。与传统的信息管理系统相比，决策支持系统增加了对模型的处理，即使用模型管理系统将众多的模型有效地组织和存储起来，建立模型库以便后续使用。决策支持系统主要针对半结构化或非结构化的信息，由计算机自动将模型条件与实际问题情境进行比较，为决策者提供决策支持，而非简单粗暴地代替决策者决策。但是，当实际问题与模型条件不一致时，它就显得心有余而力不足了（无力指导用户修改模型）。

80年代初期，人工智能技术，尤其是专家系统（Expert System，ES）的蓬勃发展为智能决策的发展创造了机遇。智能决策支持系统（Intelligent Decision Support System，IDSS）出现了，它是管理决策科学、运筹学、计算机科学与人工智能相结合的产物。这一系统可以利用多种智能决策方法、决策模型，以人机交互的方式辅助决策者完成决策过程。具体而言，智能决策支持系统在传统决策支持系统的基础上增加了一个知识库，用来存放专家进行决策的思维过程及相关的成功经验。它通过预先将专家的经验整理成计算机可识别的形式，将其存储在知识库中，并用被称为推理机的一组程序来模拟专家的思维推理过程，形成一个智能部件，从而为决策者提供决策支持。

传统的推理机为确定性推理，其推理规则“非黑即白”，而近年来一些基于人工智能的推理机的出现给专家系统带来了新的活力，其中典型的是模糊神经网络推理机。模糊神经网络推理机将模糊逻辑与神经网络相结合，充分发挥模糊逻辑较强的结构性知识表达能力和神经网络较强的自学习能力、数据直接处理能力，从而显著提高复杂系统的决策支持水平。

而真正让普罗大众对人工智能的推理与决策能力产生直观认识的，毫无疑问是曾以5局4胜的绝对优势击败围棋九段大师李世石的阿尔法狗（AlphaGo）。下围棋一直以来都被认为是机器面临的难题，因为需要把每颗棋子可能的落子考虑进去，落子的可能性就太多了！早期的机器受制于存储能力根本无法应对如此巨大的挑战。而阿尔法狗有了机器学习和深度学习技术的加持，不仅能从既往棋局中“复制”棋路来处理结构化问题，还能自己“创造”战术打法来应对非结构化问题。随着智能技术的发展，人类逐渐意识到其实机器最善于做的就是重复的逻辑性工作。因此，下围棋这种黑白分明且在极大程度上依赖经验的事情，对于机器来说其实更为容易，因为它并不需要面对具有大量不确定性的情境。

具体而言，对决策过程提供支持的主流智能技术有以下四类。

（1）基于人工智能的智能决策支持系统：在实践中积累经验

由于专家知识是有限的，能够以符号逻辑表示并用于推理的知识则更为有限，因此许多专家知识并非系统一开始就已经具备的，更多的还是在决策的过程中学到的。基于人工智能的智能决策支持系统就将人工智能的学习机制引入决策过程，以适应现实环境中普遍的不确定性，它在处理大量不确定的信息以及解决那些无法精确定义的问题方面都取得了很好的成效。

按人工智能大师西蒙的观点，学习是指系统在不断重复的工作中能力的增强或者改进，使得系统在下一次执行同样的任务或类似任务时，会比现在做得更好或效率更高。

融入人工智能方法后，智能决策支持系统以知识推理形式定性分析问题的能力能够得到充分发挥，同时，由于以模型计算为核心，其分析解决定量问题的能力也能得到施展。以上优化使得定性及定量分析能够有机结合，使系统解决问题的能力及范围都得到了有效提升，尤其是对半结构化、结构化问题能给出更有效的解决方案。

智能决策支持系统中包含的与决策支持有关的人工智能方法以神经网络、专家系统、机器学习为主。

神经网络采用广泛互联的结构与有效的学习机制来模拟人脑处理信息的过程，是人工智能发展中产生的重要方法，也是当前类脑智能研究中的有效工具。通过增加网络层数所构造的深层神经网络可赋予机器获取“抽象概念”的能力。

专家系统网罗相关领域内的大量专家知识，通过编程建立数据库，将知识数值化，可模拟人类专家解决问题的思维过程并推理解释相关问题。其组成部分主要包括知识库、数据库、推理机、人机界面和解释机构。作为知识处理系统，专家系统的运行是获得知识并运用知识的过程。知识获取、知识表示和知识利用是建立专家系统的三个基本要素。

机器学习算法利用已知数据计算其中未知的但潜在的概率分布。数据可被视为揭示观察到的变量之间关系的样本。机器学习研究重点关注对数据的自动学习，识别其中的复杂模式并做出智能决策。其目的是从观测数据中发现规律、挖掘知识，为基于非结构化信息处理的综合决策提供基础。

（2）基于数据仓库的智能决策支持系统：多维分析直击痛点

数据仓库（Data Warehouse，DW）可以建立多维数据结构模型，是一种面向特定主题的、集成的、非易失且随时间变化而变化的数据集合。传统数据库包含的数据信息一般为事务型数据，支持操作；而数据仓库的数据为分析型数据，支持决策分析。数据仓库中的数据主要来源于组织中的操作数据，也有一些可能来源于组织外部。

联机分析处理技术（Online Analytical Processing，OLAP）是与数据仓库同时发展起来的一项技术。通过对数据仓库中的数据进行即时、多维的复杂查询和综合分析，以及快速、稳定且交互性较强的存取，利用联机分析处理技术可以得出隐藏在数据中的总体特征和发展趋势，帮助决策者对数据进行深入观察。

数据仓库和联机分析处理技术的发展为决策支持系统注入了新动能，而联机分析处理技术与数据挖掘的有机融合更是优化决策支持系统的一个极好方法。

图 1-4 呈现的是传统的决策支持系统与数据仓库、联机分析处理技术和数据挖掘的有机结合，尤其是联机分析处理技术与数据挖掘有机结合后形成的新型智能决策支持系统。在决策过程中，该系统运用联机分析处理技术进行在线分析，通过建立多维数据库，采用多维分析的方法对特定问题数据进行分析，随后将结果返回给用户，供决策者参考；而数据挖掘在联机分析处理技术的分析基础上继续进行数据挖掘，利用各种专门的算法（如关联规则、决策树、遗传算法等）建立模型，发现知识。联机分析处理技术为数据挖掘提供预期的挖掘对象和目标，数据仓库为数据挖掘提供数据，方法库为数据挖掘提供方法，模型库为数

据挖掘提供模型，知识库为数据挖掘提供知识，然后生成新的模型、新的知识。如此循环，不断完善，以更好地为决策者服务，辅助其做出决策判断。

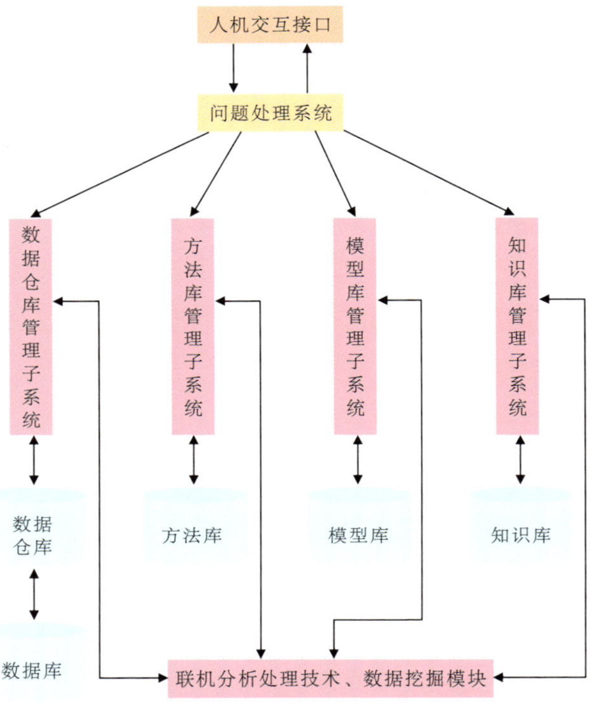

图 1-4　基于数据仓库、联机分析处理技术和数据挖掘的智能决策支持系统的结构

（3）基于案例推理的智能决策支持系统：简单粗暴的增量式学习

案例推理是基于目标案例的提示搜寻历史记忆中的源案例，然后由源案例指导目标案例求解的一种策略，也是机器学习的重要方法之一。案例是一段带有上下文信息的知识，该知识表达了在推理机达到其目标过程中起关键作

用的经验。对于案例推理，一个通俗的解释是：为了找到一个新问题的解，首先在经验库中寻找相似的问题，再从过去的相似问题中取出解，并把它作为求解实际问题的起点，通过适应性修改以获得新问题的解。在处理问题时，先在案例库中搜索与当前待求解的新问题具有最大相似度的历史案例，通过复用推理得出当前问题的求解方案。

案例推理对解决一些难以通过计算推导来求解的非结构化问题，可以发挥很好的作用，这主要体现在以下几方面。第一，案例库使用的知识是案例，而案例是知识的完全表达，因此系统不需要分解和泛化案例经验就可以形成规则，具有知识获取容易的优点。第二，对于同样的问题，系统可以复用过去的解答或求解方法，不需要像规则推理那样从头开始，因而求解效率更高。第三，系统可以在没有专家干预的情况下，通过增加案例来扩大案例推理的求解范围，实现增量式学习。

（4）云计算环境下的智能决策支持系统：更强大的存储空间

随着决策环境、决策模型及决策方法的不断发展，支持决策问题求解的决策支持系统也从经典的决策支持系统发展为基于互联网的决策支持系统，并逐步向云决策支持系统的方向发展。

云计算环境是近年来在互联网基础上建立的一种新型信息服务环境。目前，关于云计算环境并没有确切统一的定义，一般而言，它是指一种通过互联网将虚拟化的数据中心和智能的用户终端有机地联系起来，提供便捷服务的信息服务环境。从性质来看，由于决策资源的虚拟化，云计算环境下的决策问题建模更趋于非结构化。

云计算环境能够通过云端为决策过程提供大量的原始信息，同时为存储决策过程中的信息提供庞大的空间，并为管理这些信息提供强大的计算能力。在云计算环境下，对解决复杂决策问题和决策任务的多种决策资源进行组合与优化，能够提高决策资源的服务效率和服务质量，当决策信息发生变化时能够动态地调整存储过程，从而减少决策者在信息处理与融合方面的负担，降低决策成本。

决策优化

20 世纪 90 年代以来，随着分布式计算和网络计算技术的迅速发展，智能决策支持系统也演化产生了一系列新的概念、观点和结构。这些新兴技术在不同阶段辅助推理与决策，为决策者提供了更科学全面的参考。

大数据是继云计算、物联网之后的又一新兴信息技术，数据量巨大、数据新增速度加快、数据来源多样化、数据价值密度低是大数据的四个核心特征。基于大数据的特征，人们在分析数据和信息时要做出相应的转变：从随机抽样转向采集全部样本，从追求精确转向掌握大体方向，从寻找因果关系转向寻找相关关系。

借由大数据，智能决策过程可以实现全面化的数据采集、高效深度的数据分析以及可视化的结果呈现。以教育政策决策为例。首先，基于大数据的政策决策可以将微观层面的政治对象呈现出来，清晰描绘出原本模糊的教育活动；其次，大数据实时变化的特点可以使决策者在短时间内获得政策反馈甚至获得实时反馈；最后，大数据可以对未来趋势进行预测，使决策者具有更为开阔的视野，相比于个体与局部的相对静态视野，决策者更容易发现问题所在、可能存在的弱点和盲区。

二 顺藤摸瓜：处理结构化问题的牛刀小试

结构化问题概述

关于结构化问题，不同的学者在不同情境下对其进行了定义：哈斯巴根教授基于“过程完整化教学模式”提出结构化问题是相互之间具有一定逻辑关系的一组问题；郑富兴等通过分析学校德育活动课程体系后认为，以学校的教育目标、办学理念、校训、学生发展核心素养等为指向，依据课程目标、内容、实施与评价的范式进行顶层设计和系统思考，从时间、空间等维度来解决的问题就是结构化问题；等等。不同情境下结构化问题的定义可能会出现差异，下面通过一个简单的例子来解释一下什么是结构化问题。

古时候，人们总希望“久旱逢甘霖”，但是又不想短时间内降水量过大，以免引发洪涝灾害。我国古代流传下来许多治理洪水的故事，比如大禹治水、鲧偷息壤堵洪水等。而随着时代和科技的发展，现代水利工程可以帮助我们更加有效地利用水资源做一些事情。

通过合理地利用水电站中水库的工程和技术设施，对入库径流进行经济合理的调度，以尽可能地减少水害、提高发电和综合利用效益，从而为水利、电力部门和其他有关行业提供有效服务。与此同时，我们还需要分清发电与防洪及其他综合利用水资源任务之间的主次关系，合理调度，使水库效益最优化。而人工智能可以收集各种数据并自行进行对比，帮助我们就上述问题做出完美的决策，帮助水电站实现最大收益。

上述这种有着特定结构的问题就可以被称为结构化问题，运用人工智能帮助决策者按照流程来做出解决这种问题的决策，也就可以被称为结构化决策。

结构化问题与结构化决策

把决策问题分为结构化、半结构化和非结构化问题，带有主观认知的色彩。由于决策主体认知水平的变化或问题求解方法的改进，结构化、半结构化、非结构化问题会发生转化。

结构化问题具有以下几个特点：结构良好，我们可以较为轻松地看出其结构属于哪种类型；具有常规性，符合一般问题的解决思路，不会如“脑筋急转弯”那样让人意想不到；反复出现，我们需要进行多次解决。

结构化决策的对象通常是结构良好的问题。它是针对经常出现、具有某种规律性的问题所做出的决策，又可被称为程序化决策。由于结构化决策的对象具有常规性、反复出现的特征，人们在解决这类问题时，通常可按其规律明确决策原则，并制定一套科学的处理程序，然后依据系统化的规则或政策来处理。此外，需要指出的是，问题的结构化程度体现的是结构的复杂性而非计算的复杂性。

结构化决策，通常我们也可以称其为规范性决策（乐观清，李述章，2004）。在结构化决策中，应特别重视按照科学的程序进行决策，科学的程序是决策科学化的标准。科学决策本质上是一种理性的选择过程，与决策的程序化密不可分。西蒙认为，“理性”的决策应是选择正确的手段达到希望的目的，而决策的合理性则以合目的为根本标准。这就是说，决策合理性就是决策合目的性与合规律性的统一，即科学决策与决策程序化的统一。无疑，科学决策受制于程序化，程序化是实现科学决策的前提、基础和保证，决策程序化是决策科学化的有效途径，科学决策是程序化决策的标志和结果。决策活动作为领导活动的核心内容，反映的是领导活动的结果。科学决策应是领导活动所追求的目的和根本，而决策程序化则是领导手段和执政方式的体现（孙瑞林，2005）。按照科学的程序和办法形成的决策方案应该是最佳的。随着时代的进步，决策理论汲取了众多科学理论的观点，从古典决策理论发展到现代决策理论。古典决策理论认为决策者是完全理性的，能够随时随地追求最大利润、选择问题的最优解，但是在真实的世界中，由于环境、事物的客观复杂性以及决策者的主观能动性，我们常常没办法得出理想状态下的最优解，只能在一系列可行性方案中衡量、选择。

遇到问题，就要去解决问题，但是在解决问题之前，我们必须对问题进行相关分析，才能知道问题应该被如何分解。现代决策分析方法大致分为硬决策方法和软决策方法两种（王雪华，2000）。硬决策方法是指运用建立在数学理论基础上的统筹学和系统分析等方法，根据决策条件，通过计算求出决策答案。这种决策方法将事物之间的关系量化，减弱了决策者的主观能动性，本书的这部分内容所涉及的结构化决策大多采用此种决策方法，如此便能够按照设定快速做出决策。软决策则是基于应用心理学等的研究成果而采取的一些有效的组织形式，它可以充分发挥专家的集体智慧。这种决策方法的主观能动性较强，有可能会发生决策偏差。决策的科学性和决策方法的复杂、多变性要求我们必须将软、硬决策方法相结合。

智能化解决结构化问题

这里说的智能化解决结构化问题，是指决策的自动化、“新时代下专家系统的升级”（从基于规则发展到机器学习，不过本质还是知识的输入与体系构建）。这里的自动化不仅仅是决策制定的自动化，还应是整个管理决策过程的自动化，包括方案选择的自动化以及效果跟踪、评估与反馈的自动化。当然这会十分困难，特别是在方案的实施是一系列线下的行动并且无法数字化（捕获数据）、无法形成闭环的时候。但是，其优点也是显而易见的：能够提高决策的效率，提供统一、透明的决策过程。

因此，在这一方向上，慢慢衍生出了一系列可以快速解决结构化问题的智能决策软件、智能决策系统以及相关的智能技术。其中应用范围最广的就是智能决策支持系统，它是决策支持系统与人工智能技术相结合的产物。它将人工智能知识表示与知识处理的思想引入决策支持系统，其独特的研究方法和广阔的发展前景，使之一出现就成为决策支持系统研究的热点和主要发展方向（杨斌宇，2004），引起了国内外学术界和企业界的极大重视。随着智能决策支持系统的发展，其智能部件不断得到扩展，使其智能并不再局限于对知识库的使用。它可使模型库实现模型自动选择和生成；使人机界面更容易使用并体现决策者的思维，具有学习功能；在数据库方面，数据仓库、联机分析处理技术和数据挖掘可以对数据进行复杂的分析处理，同时可从数据仓库中挖掘出隐含的知识，增强原来的知识库，以达到强化系统智能决策的目的。

智能决策支持系统应该具有以下特点和功能。

①具有推理结构，能模拟决策者的思维过程，所以能根据决策者的需求，通过会话、分析问题、应用有关知识引导决策者选择合适的决策模型。

②其推理机构能跟踪问题的求解过程，从而证明模型的正确性，提高决策方案的可信度。

③有时决策者使用决策支持系统解决半结构化或非结构化问题时对问题本身或问题的边界条件不是很明确，智能决策支持系统则可以通过询问决策者来辅助诊断问题的边界条件和环境。

④能跟踪和模拟决策者的思维方式和思路，所以可使决

策者不仅知道结论，而且知道为什么会产生这样的结论。

⑤综合运用人工智能中的各种技术，对整个系统实行统一协调、管理和控制。

智能决策支持系统可以分为以下四个层次：应用层、任务层、功能层和物理层。基于这四个层次，智能决策支持系统可以将定性分析和定量分析进行有机结合，从而使解决问题的能力和范围得到极大的提升，并据此得到一个最优的解决方案，帮助决策者解决大部分结构化问题。

结构化情境典型案例——火灾应急系统

背景介绍

相信大家对2018年震惊全国的“8·12天津滨海新区爆炸事故”记忆犹新，在该事故中165人遇难，8人失踪。这让我们把目光聚焦到火灾应急系统上。从微观的技术层面来说，信息通信技术、数据库建设、电脑辅助决策系统的创立让我们觉得已经能够在危机中运筹帷幄（Aamodt et al., 1994），但是在实际的操作中，决策者真的能够完美运用这些装备设施，从而应对突发事件并尽可能地减少损失吗？

“藤”的挖掘

谢梅玉在贝叶斯网络（Bayesian Networks）模型的基础上，提出使用基于案例的推理技术和以贝叶斯网络作为辅助手段来处理应急问题。

案例推理是指为了解决当前所面对的问题，在案例数据库中进行检索，获得与当前问题相似的案例及其解决方案，再根据相关技术进行方案修正，从而得出解决当下问题的最恰当“解”。将智能决策和案例推理相结合可以让推理和决策获得参考的样本，从而避免以上智能决策支持系统的明显弊端——难以获取和推理传统的基于规则系统的知识。

阿莫特（A. Aamodt）和普拉扎（E. Plaza）提出了比较著名的案例推理的四阶段循环过程，即 4R 模型，包括案例检索、重用、修正、保存（岳成浩，成婧，2016）。芬尼（G. Finnie）提出了新的模型，即 5R 模型，包括案例表示、检索、重用、修正和保存。案例推理的一般流程如图 2-1 所示。

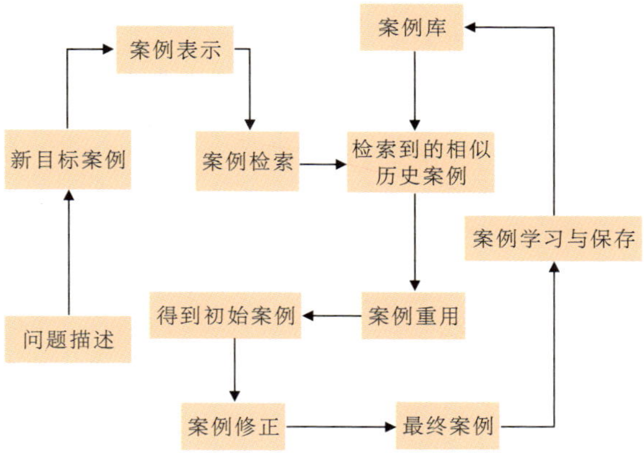

图 2-1　案例推理的一般流程

对于复杂问题的决策，由于因果关系复杂而难以把握，信息具有随机性、模糊性等不确定性特征，知识难以表达，所以仅用规则推理是不够的。同时，专家在实践中已积累了丰富的经验，产生了大量的实际案例。采用案例推理的智能决策支持系统拥有以下优点。

①问题的唯一精确表示是其本身。案例能比一组规则提供更多的信息，这是因为人具有主观性和有限理性，从大量实例中归纳规则时只提炼出了实例的共同本质。

②避免了知识增加时知识库的完整性和一致性被破坏的问题。

③案例推理是一种增量式学习方法。随着案例的增多，案例库的覆盖度（求解问题的范围）逐渐提高；同时由于案例比规则容易获取，不需要完整的领域模型，可使案例推理逐步实用化。

④直接重复过去的求解经验（成功的和失败的），不需要完整的领域模型，也不必像产生式推理那样从头开始，避免了匹配冲突和组合爆炸问题，求解效率高。

⑤案例推理是类比推理的子类，它具有类别推理的基本特点。它能充分发挥人的创造思维，对难以充分理解的领域做出假设和预测，并指导人们避免重犯过去的错误。

⑥从实现角度讲，案例推理能兼顾专家的偏好，而产生式推理的柔性不足。

结合了案例推理的智能决策支持系统模型如图 2-2 所示。用户通过人机智能界面完成问题描述等交互性操作，该系统在接收到用户输入的问题之后，将之与典型案例库中的相似案例进行比对，按照案例检索算法筛选出相似的典型案例，再通过多库协同器对数据库、知识库、模型库、方法库这四个库中的资源进行调度和协调，从而对该典型案

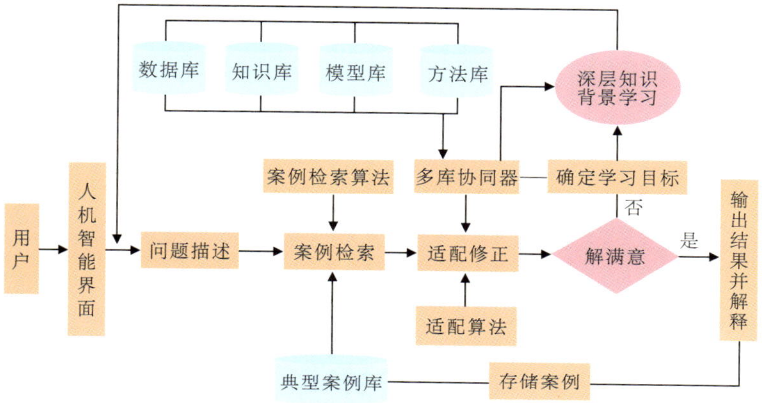

图 2-2　智能决策支持系统模型

例进行适当的修正并做出相关决策，如果对该决策满意则输出结果并将该案例存储于典型案例库，如果对该决策不满意则根据更具体的目标进行学习，重复上述操作直至获得满意的结果。

贝叶斯网络则是一种比较特殊的图模型，它被用来解决不确定性问题，可以应用在人工智能等多个领域（Pearl，2000）。在建立了相关案例库之后，贝叶斯网络为我们实现相似案例对比提供了技术上的支持。贝叶斯网络又称推理网络，其使用数学知识和公式来分析不确定知识的相关模型。贝叶斯网络推理被用于因果发现并提供决策支持的方法时，其环境是不确定的，信息是不对等的。

常用的贝叶斯网络推理分为三种类型：因果推理、诊断推理及支持推理。因果推理又称自上而下推理，即由已知原因来推理计算结果发生的概率。诊断推理又称自下而上推理，即由已知结果推导产生该结果的原因以及原因概率。支持推理又称辩解推理或者混合推理，即对于已知现象的结果，推断导致该结果的原因，并为出现该结果的现象提供解释。

顺藤摸瓜与实施效果

在案例推理和贝叶斯网络的基础上，有研究者建立了建筑物突发火灾的应急决策模型，并使用扬州市广陵新城大厦11层广江运营办公室火灾案例进行模型验证。2017年6月8日21时53分，扬州市广陵区广陵新城大厦发生火灾。扬州市119指挥中心接警后立即调派10辆消防车、52名官兵赶赴现场处置。建筑物为框架结构，起火部位是位于11层的办公室，燃烧面积大约为30平方米，突发火灾现场没有人员伤亡。

该应急模型对上述案例的关键信息进行提取，将建筑物作为主索引、建筑物层高作为副索引，在案例库中进行检索，找到相似的案例；再根据贝叶斯建模软件得到含有相关节点的贝叶斯网络，接着根据该案例的具体情景，对贝叶斯网络节点及其先验概率进行修正，从而得出适合该案例的贝叶斯网络。此外，通过对贝叶斯网络进行敏感性分析，可以得出环境因素、人员因素和技术因素是影响建筑物火灾应急决策的关键因素。通过以上模型的快速分析，决策者可以根据贝叶斯网络和较为敏感的网络节点做出更加正确有效的决策。

在面临突发的紧急情况时，决策者能否快速做出最合适的决策，会对处置该应急事件产生关键性的影响。一般的贝叶斯网络的构建过程缓慢且复杂，而上述模型的建立能够帮助决策者在原有案例的基础上快速构建贝叶斯网络，从而减少不利影响。

将案例推理运用到贝叶斯网络的建模过程中，是一个比较复杂的问题。在未来研究建筑物突发火灾的应急决策问题时，应当将更多的理论与方法应用到贝叶斯网络的建模中，以提高应急决策的时效性。案例推理与贝叶斯网络结合建模的方法还需进一步研究与完善，以得出基于智能的结构化决策的最优解，帮助决策者借助该模型做出有效的应急决策。

教育应用案例

案例一：智能教学平台

上述火灾应急案例让我们对基于智能的推理与决策有了一定的了解，那么在教学中如何进行推理与决策呢？教学决策的目的是达成教学目标，根据一定的原则、程序和方法，对教学活动进程以及学生学习行为采取一系列控制措施。身处大数据时代，学习者在学习的过程中会产生大量的学习数据，人工智能的发展使教师可以通过这些学习数据来做出合理的判断，进而做出更匹配学习者需求的决策，其中智能教学平台就为教师收集学生的学习数据提供了相应的支持。

背景介绍

智慧教育是信息技术推动教育变革而产生的教育新形

态，是教育信息化发展的新阶段。新的时代对智慧教育有新的要求，教育要为学习者的智慧发展服务，这要求教师选择与应用恰当的教学方法、内容以及技术，促进学习者智慧学习的发生。进行智慧教育，则需要以智慧的教学环境作为技术支撑，于是智慧教室、智慧校园、智能教学平台等一系列新技术支持下的智慧教学环境应运而生。智慧教学环境应该具备两大特征：一是环境本身要充满智慧，能主动适应和满足教学进程中的各类需求；二是要有利于启迪师生智慧，帮助教师解决教学问题，引导学生高效理解学习内容。

随着教学方式从以教师为中心转变为以学生为中心，智能教学平台的设计也以建构主义为核心思想，通过现代化技术帮助学习者在学习过程中做出上述原本需要教师参与的决策，从而促进学习者完成自主建构和获得发展。目前来说使用较多的智能教学平台有超星、智慧树、网易云课堂等。虽然智能教学平台越来越多，但是它们的功能趋同，譬如课程资源功能、统计管理功能、师生互动功能（基本为异步交流）。

我们选择超星教学平台，通过其对教育数据的收集和分析来探讨平台中的教学数据对于教师教学决策的支持作用，进而找到提高教学决策的精度和效率的途径。教学数据来自教学过程，教师可以通过教学数据对学生的学习活动进行评价，我们将智能教学平台中进行的教学活动所产生的数据称作教学数据，并重点关注学生个体层面的学习数据，比如行为数据、特征数据、浏览数据和测试数据等。

“藤”的挖掘

教师是教学活动的主导者，也是执行者。教学决策不能完全依赖于教师自身的教学经验，因为依据主观的经验在教学活动中难以对实时的教学情况做出灵活的判断。利用智能教学平台进行教学，能够帮助教师收集教学活动中产生的数据，支持教师做出更为合理的教学决策。基于数据的教学决策可使教师扎根课程，创造并使用教学数据，避免在教学过程中出于经验主义而导致主观性、感觉性错误。基于上述分析，可得到如图 2-3 至图 2-5 所示的教学决策体系。

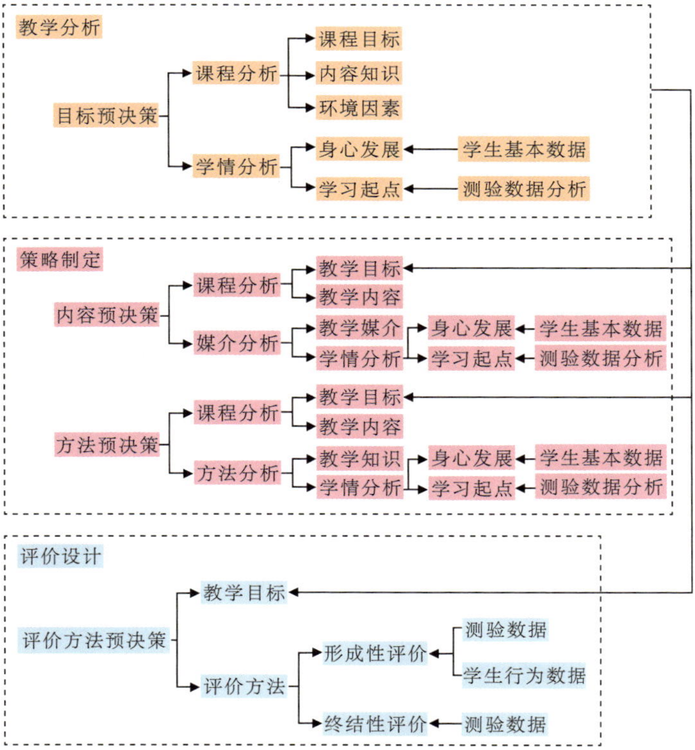

图 2-3 教学计划阶段

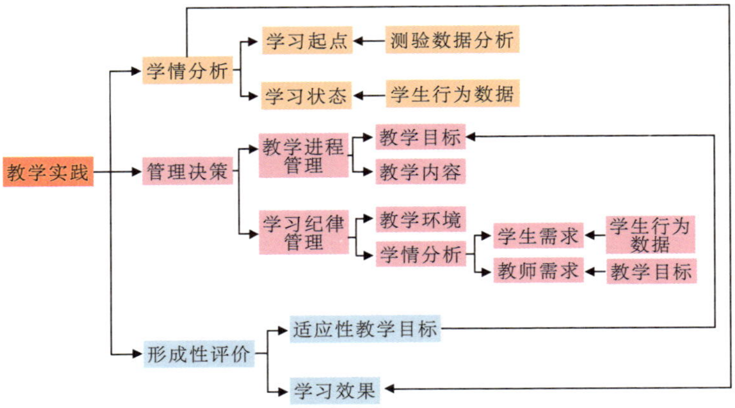

图 2-4　教学互动阶段

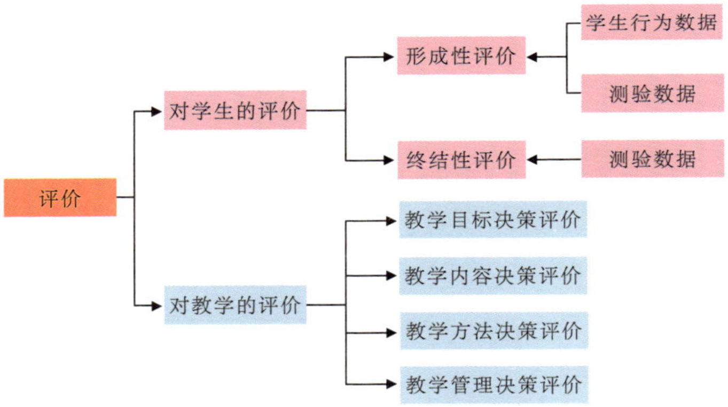

图 2-5　教学评价阶段

顺藤摸瓜与实施效果

韦斯曼特教学决策模型是较为权威的教学决策模型，其通过比较专家和新手在教学前、教学中和教学后的思维与决策能力，对教学决策的影响因子进行分析，并建立了专家型教师决策模型。但是该教学决策模型受限于当时的技术条件，无法获取大量的学生学习数据，并且其场景总是课堂。

韦斯曼特教学决策模型多用于传统的教学模式，其更关注教师对于学生特征的识别和判断。我们可从学生行为与状态的数据出发，基于智能教学平台环境，将可用于决策的相关数据纳入决策模型，从而形成如图 2-6 所示的基于智能教学平台数据的教学决策模型。

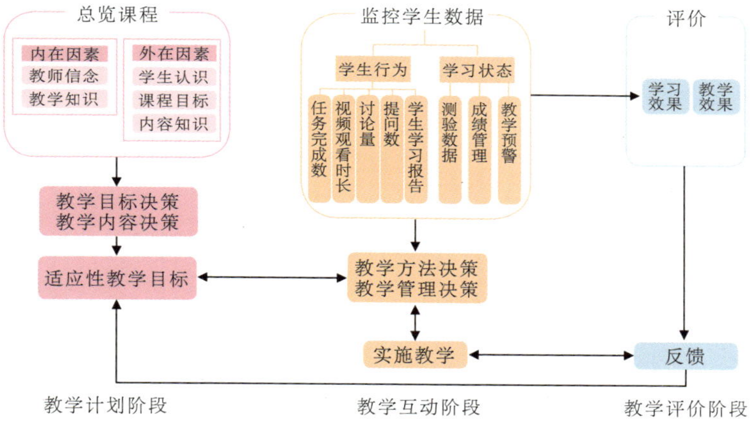

图 2-6　教学决策模型

在此模型中，教师在教学计划阶段需要总览课程内容，结合内容知识、课程目标、学生认识、教师信念和教学知识等因素进行教学目标与教学内容的预决策，形成适应性教学目标。所谓适应性教学目标可理解为动态可调整的生态化目标，它是教学互动的依据和追求，但又需要根据互动过程产生的数据进行适应性调整。在教学互动阶段，应根据适应性教学目标和学生学情进行教学方法的决策，并依据教学活动的实际情况，采用形成性评价对教学目标、内容、方法进行不断修订，即对教学活动过程进行管理决策。在教学评价阶段，通过对学习效果以及教学效

果的评估，为后续教学计划阶段的决策提供支持。（张朝珍，2016）

上述案例通过对教学决策运行机制的研究，结合韦斯特曼教学决策模型，构建了基于平台数据分析的教学模型，探讨了在实际教学活动中，教师怎样利用智能教学平台中的教学数据进行教学决策。在实践中，教师能够依据模型进行教学决策，并在教学活动中成功地对教学平台中的数据进行提取与分析，用以支持教学。本案例验证了教师利用智能教学平台进行教学决策的优势。

案例二：智能在线作业批改系统

背景介绍

传统的作业环节包括教师组织题目、布置作业，学生答题、上交作业，教师批改、统计、讲评作业。这种方式缺乏足够的约束力，学生经常对作业敷衍了事，少做、缺交甚至抄袭；由于教师批改作业工作量大，很多学校出钱请研究生或课代表批改作业，或由教师公布作业答案，学生自己对答案，这些做法可能会牺牲教学质量，而且成本高；作业中包含的重要信息容易流失，使教与学均存在相当大的盲目性和重复性，作业作为师生之间交流信息的主渠道的作用得不到充分发挥。本案例介绍的智能在线作业批改系统致力于解决这些问题，它可充分利用计算机的优势，通过网络完成传统作业批改的全部过程。智能在线作业批改系统将重复的批改作业过程智能化，帮助教师通过设定好的流程快速便捷地获取最终结果，是解决教育中结构化问题的典型案例（梁贺君，2008）。

“藤”的挖掘

该系统使用了四项核心技术：ASP.NET、ADO.NET、Web Services和B/S结构。

ASP.NET是建立在公共语言运行库上的编程框架，可用于在服务器上生成功能强大的Web应用程序。与以前的Web开发模型相比，ASP.NET具有数个重要的优点：增强的性能、世界级的工具支持、威力和灵活性、简易性、可管理性、可缩放性和可用性、自定义性和扩展性、安全性。ASP.NET的这些优点是智能在线作业批改系统所需要的。简易性：ASP.NET简化了开发过程，开发效率高，同时开发出的系统逻辑清晰。灵活性：ASP.NET与语言无关，所以可以选择最适合应用程序的语言，或跨多种语言分割应用程序。自定义性和扩展性：ASP.NET的自定义性和可扩展性给智能在线作业批改系统的扩展以及后续开发工作的完善提供了有利的条件。安全性：ASP.NET可以在一定程度上保证智能在线作业批改系统的安全性。

智能在线作业批改系统具有无限的潜在用户。使用数据库和数据库连接之类资源的应用程序不能很好地为大量用户服务。ADO.NET通过鼓励程序员节省有限资源来实现可缩放性。ADO.NET扩展丰富，并且支持结构松散的数据访问需求、多层Web应用程序及Web Services。通常，它利用许多扩展丰富的对象模型，提供采用多种方法来解决一个特定问题的策略。ADO.NET是重要的应用程序级接口，用于在Microsoft.NET平台中提供数据访问服务。

该系统主要的技术亮点就是利用 Web Services 来检查作业抄袭程度，利用格式检查服务来检查文件作业格式。Web Services 是一种开放的分布式应用程序的模型，它能在所有支持 Internet 通信的操作系统上实现。通过 Web Services，该系统能够自由使用 HTTP 协议进行通信。Web Services 作为一种分布式计算技术，以 XML 语言和标准的网络协议为基础，采用了 XML、WSDL、SOAP、HTTP 等多种技术。

该系统采用 B/S 结构，保证教师能在任何一台联网的计算机上发布新作业，学生能在线提交作业。B/S 结构，即 Browser/Server（浏览器 / 服务器）结构，是随着互联网技术的兴起，对 C/S 结构进行改进后出现的。在这种结构下，用户界面完全通过 WWW 浏览器实现，一部分事务逻辑在前端实现，但是主要事务逻辑在服务器端实现，形成所谓三层（3-tier）结构。B/S 结构主要利用不断成熟的 WWW 浏览器技术，结合浏览器的多种 Script 语言（VBScript、JavaScript 等）和 ActiveX 技术，用通用浏览器就实现了原来需要复杂专用软件才能实现的强大功能，并节约了开发成本，是一种全新的软件系统构造技术。随着 Windows 系列操作系统将浏览器技术植入操作系统内部，这种结构更成为当今应用软件的首选体系结构。B/S 结构应用程序相对于传统的 C/S 结构应用程序是巨大的进步。

顺藤摸瓜与实施效果

对上述四项核心技术有了一定的了解之后，我们来看该系统是如何通过它们来实现在线作业批改的。通过对整个作业批改过程进行需求分析，该系统得到了如下功能需求。

登录及身份自动验证

用户登录后，系统自动识别身份。学生可答题及查阅批改结果。教师可按类型发布题目并录入正确结果，可对学生提交的主观题作业进行批改及发布得分，可查看指定作业、题目的答题情况分析，可查看一段时间内学生作业得分的总评。管理员可添加学生、教师用户，其中学生用户必须绑定至某教师。所有用户均可修改个人资料。

数据存档

学生的在线答题情况保存在数据库中，任课教师无须批改一份作业或答卷，便可以从网上获取一份以单个学生或教学班为单位的作业或考试数据分析报告，其详细和丰富程度远远超过手工批改所能获得的结果。

自主批阅

对于单选题、多选题、判断题和填空题，系统可自动根据教师录入的正确答案对学生提交的答案进行判断评分，并汇总记录客观题分数。对于解答题、表格题等，教师可以根据自己输入系统的关键字来判断学生答题的正确率。

作业纪律监督

该系统采用选择题选项随机排序、禁止复制粘贴和数据加密等手段，加强对学生作业纪律的监督，使学生的抄袭难度和成本大大增加；通过设置作业提交的最低分数线和作业提交的截止日期，提高学生作业的质量和教学效果。

作业成绩管理

该系统具有完备的作业成绩管理功能，可以自动生成每门课程、每个学生、每次作业的成绩，以及每门课程一学期所有作业的平均成绩、期末的折算成绩，并打印成绩报表，大大减轻了辅导教师和班主任期末处理课程成绩的工作负担，提高了其工作效率和准确性，节约了教学成本。

报表统计

每个用户都可获得相关数据的报表（如平均成绩、期末成绩等），并且可以打印成绩统计报表。

根据以上所需要的功能，基于方便用户的原则，该系统分为管理员、教师和学生三大模块，每个模块相对独立又彼此联系，具体功能划分如图 2-7 所示。

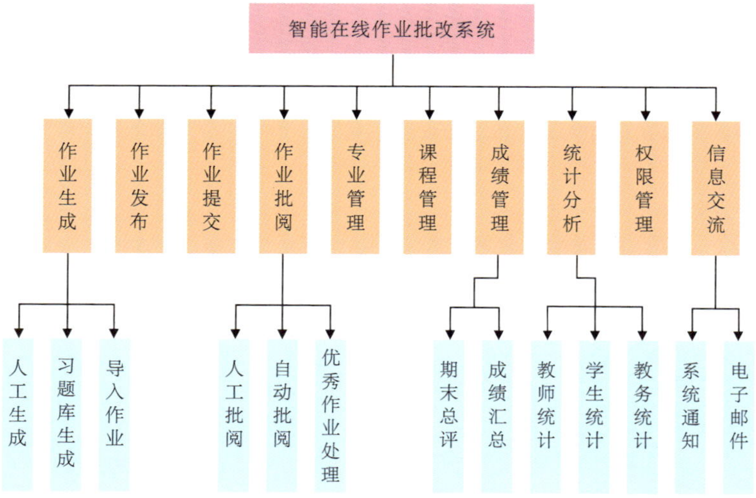

图 2-7　智能在线作业批改系统的功能模块

通过功能和算法的设计，该系统解决了之前普遍存在的作业批改问题。用户只需要进行注册、登录，将需要批改的作业上传至该系统，就能够使用“类脑”对作业进行批改并得出分数。该结构化问题解决方案在很大程度上解放了教师，能够让教师不再重复进行同样的工作，从而能够有充足的时间进行教学设计和教学方案的改良等，进一步提高教学效果。

智能在线作业批改系统对解决作业环节中存在的问题、提高作业环节和教学工作的整体质量具有显著的成效。学生对使用该系统的反映是："刚开始还不习惯，后来逐渐发现了它的好处，因为题型多样、每次作业都能得到及时批改，而且能及时跟老师讨论作业中的问题，还可以在自动评讲中看到正确的分析和解答，反馈的信息很丰富、很及时。"手工批改和传统作业管理系统就很难做到这些。

拓展阅读与导读

智能决策支持系统作为当下解决结构化问题的一般手段，其高效、准确做出决策的优点深受决策者的青睐，决策者在面临决策问题时，只需进行简单的操作就可以得到最优解。但是智能决策支持系统所能应用的场景有限，随着智能化的不断发展，在智能决策支持系统的基础上出现了一系列辅助决策的技术工具，如案例推理、贝叶斯网络等。如果读者对结构化问题的解决感兴趣，可以查阅以下文献，了解其他情境下结构化问题的智能化解决方法。

胡玉胜，涂序彦，崔晓瑜，等. 基于贝叶斯网络的不确定性知识的推理方法 [J]. 计算机集成制造系统 -CIMS,

2001(12)：65-68.

黄梯云 . 智能决策支持系统 [M]. 北京：电子工业出版社，2001.

乐观清，李述章 . 程序化决策原则分析 [J]. 理论探讨，2004(3)：75-77.

孙瑞林 . 高校科学决策与决策的程序化问题 [J]. 榆林学院学报，2005(1)：91-92.

王鸿香，邹倚红，陈凤莲 . 急救程序化管理对提高创伤救治成功率的调查与分析 [J]. 护理管理杂志，2004(10)：11-12.

王津津 . 案例推理在决策支持系统中的应用研究 [D]. 合肥：合肥工业大学，2010.

尹春华，顾培亮 . 决策支持系统研究现状及发展趋势 [J]. 决策借鉴，2002(2)：41-45.

赵卫东，李旗号，盛昭瀚 . 基于案例推理的决策问题求解研究 [J]. 管理科学学报，2000(4)：29-36.

Angelis A, Phillips L D. Advancing structured decision-making in drug regulation at the FDA and EMA[J]. British Journal of Clinical Pharmacology, 2021, 87(2):395-405.

Beaudoin M. Issues in distance education: a primer for higher education decision makers[J]. New Directions for Higher Education, 2016, 2016(173):9–19.

Gregory R, Failing L, Harstone M, et al. Structured decision making: a practical guide to environmental management choices[M]. Hoboken: John Wiley & Sons, 2012.

Lyons J E, Runge M C, Laskowski H P, et al. Monitoring in the context of structured decision-making and adaptive management[J]. The Journal of Wildlife Management, 2008, 72(8): 1683-1692.

Martin J, Runge M C, Nichols J D, et al. Structured decision making as a conceptual framework to identify thresholds for conservation and management[J]. Ecological Applications, 2009, 19(5): 1079-1090.

Robinson K F, Fuller A K, Hurst J E, et al. Structured decision making as a framework for large-scale wildlife harvest management decisions[J]. Ecosphere, 2016, 7(12): 1-14.

㊂ 按图索骥：解决半结构化问题的通关宝典

半结构化问题概述

海洋是地球上最神秘的领域之一。自人类诞生，对大陆尽头大海彼端的想象就从未停止，15—17世纪的大航海时代是人类的一次伟大探索。在人类步入航空航天时代之前，航海是人类科技成就的集纳点，大航海时代人类所使用的主要航海技术有基于天文航海技术的“牵星术”（使用十字量角器、四分仪、八分仪、六分仪等）、基于地文航海技术的罗盘等。

虽然当时的航海业富集了人类智慧的成就，但是由于航海仪器尚不能给海洋中的船只提供具体的位置信息、天文信息、海文信息等，因此对于航程中船只的走向、行程以及是否需要扬帆等问题，往往需要最具经验、最有领导力与权威的船长来决断。而即使是最优秀的航海家，受信息、工具、心理情感等因素的影响，也无法在漫长的航程中始终做出最为正确的选择，这导致航海始终是一种高风险行为。哥伦布曾在自己的航海日记中写道，在第一次美洲探险时，由于天气和人为因素导致船的帆索、帆桁、滑轮和桅杆等全部损坏，以至于船上所有人都跪在甲板上虔诚地祈求上帝。他也认为自己难逃一死，所以在进行“临终祈祷”后，就将自己的一部分航海资料放进一个小木桶里，然后将其丢下海，并祈求海浪将这个“漂流瓶”送到欧洲世界，告诉世人自己的发现。

在大航海时代，航海之所以是最具风险的行业，主要是因为工具和信息匮乏以及过程和结果具有不确定性。这种不确定性正是半结构化问题的主要特征。虽然“牵星术”、罗盘和对风力风向的感知可以为船长提供一定的参考，但是决定船只能否顺利到达所预期的海洋彼岸的主要因素仍是船长的航海经验，也就是说，要依靠航海家们根据以往航行经验所绘制出来的、存在于脑海中的“航海图”。

随着现代科学的进步和工业技术的发展，航迹推算仪器（计程仪、航迹记录器、自动操舵仪等）、陆标定位仪器（六分仪、船用回声探测仪）、天文定位仪器（天文计算器、索星卡等）和无线电定位仪器（测向仪、全球定位系统等）等现代航海仪器被发明出来，它们能够通过综合天文、海文等信息，为出行船只提供精确的海洋定位、航迹推荐和风险计算等服务，为船长提供精准的智能辅助决策，保证航行安全。航海问题逐渐从大航海时代具有高度不确定性特征的非结构化问题转化为良构、成熟、系统化的结构化问题，并可以通过一套成熟的导航体系来解决。由此可见，科学技术的发展所带来的信息采集能力与决策能力的提升，可以逐步将非结构化的疑难杂症转化为结构化问题，帮助人类在各领域、行业找到最佳的问题解决方案。

什么是半结构化问题

对于半结构化问题是什么，目前并没有一个统一的、明确的回答，但是，从大航海时代的故事中，我们可以在一定程度上窥见半结构化问题所具有的属性和特质。

①决策者有期望达到的明确目标。

②问题中存在着不以决策者意志为转移的多种自然状态或潜在因素，即不可控因素。

③往往同时有两个或两个以上可供决策者选择的可行方案。

此外，从数理统计角度出发，半结构化问题同时具有以下两个特征：一是不同的可行方案在不同自然状态下的损益值可以计算；二是未来可能出现的不同结局的概率可以主观判断或依据客观资料来统计推算。

其实，在现实中，相对于结构化问题而言，我们所遇到的问题更多的是半结构化问题。我们没有预先可确定的、固定的决策规则，抑或是帮助我们做出所需决策的规则，我们所面临的往往是不清楚、不确定的问题，换句话说，我们所占有的信息本身具有模糊性。

因此，对于半结构化问题，需要通过定量与定性相结合的办法进行分析。在现实生活中，我们对于诸如国家扶贫、企业决策和课堂教学等多数半结构化问题的解决都是在目标、约束条件和一系列行动还没有确定的情况下进行的，而要运用智能技术辅助解决半结构化问题，我们就必须对半结构化决策以及智能技术支持的半结构化决策过程进行深入的理解和分析。

什么是半结构化决策

半结构化决策可以利用适当的算法产生决策方案，得到较优的解。其过程和方法有一定规律可以遵循，但又不是完全确定的，即有所涉及但不全面，有所分析但不确切，有所估计但不确定。半结构化决策要在结构化决策所提供信息的基础上，采用专用模型。这些模型可以增强管理决策的有效性，提高决策者处理问题的能力。半结构化决策所涉及的数据不确定或不完整，虽有一定的决策准则，也可以建立适当的模型来产生决策方案，但决策准则因决策者的不同而不同，所以决策者不能从这些决策方案中得到最优的解，只能得到相对较优的解。

智能技术支持的半结构化决策过程

半结构化决策的一般过程主要由识别问题、制定决策标准、制定执行方案、实施方案与评价决策效果等过程组成，如图 3-1 所示。

在智能技术支持的半结构化决策过程中，由于智能决策技术（通常以智能决策支持系统的形式呈现）的介入，决策过程转化为由人、机共同参与的协作过程。人控制了决

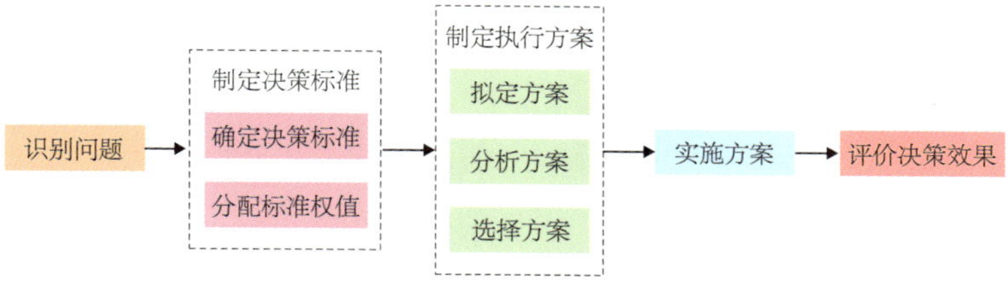

图 3-1　半结构化决策的一般过程

策过程中非结构化问题的识别与智能决策方案的实施过程，机器则对智能决策方案的自动化生成起到了重要的支持作用。为了设计出智能决策支持系统以解决某一特定领域的半结构化问题，首先，需要将人类的问题识别过程进行分解，包括对半结构化问题情境进行确定，对问题解决过程中的半结构化方面进行分析，以及对半结构化决策的关键需求进行分析；其次，在智能决策支持系统设计与开发的过程中，在为系统建立特定问题领域的知识库、数据库，并结合现有决策模型库和方法库的基础上，在领域专家的指导下，根据人的一般半结构化决策经验确定决策标准框架和权值，建构半结构化决策算法模型，从而形成集专家系统、建模系统和决策系统于一体的系统；最后，通过对人机交互界面的设计生成智能决策方案，并由相关决策人员在结合现有经验和智能决策方案的基础上实施决策，并根据决策的实际效果迭代和升级系统功能。

智能技术支持的半结构化决策过程如图 3-2 所示。本书不对智能决策支持系统的具体技术开发过程进行深入展开与讨论，但是读者可以通过上述决策过程认识到智能技术在半结构化问题解决中的功能与作用。

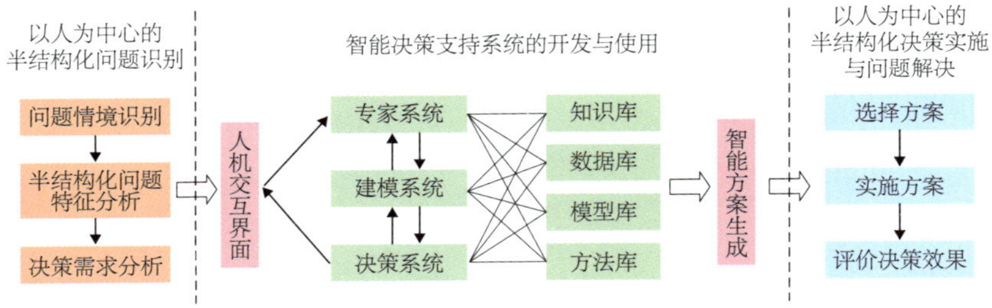

图 3-2　智能技术支持的半结构化决策过程

半结构化情境典型案例

面对现实中的半结构化问题，当前常见的一种提高决策效率与质量的方法是针对生产生活中微观层面的具体问题、中观层面的专业问题、宏观层面的公共问题开发相应的智能决策支持系统，并将其运用于真实问题的解决。

案例一：造船企业订单管理中的决策支持

背景介绍

现代企业在生产环节进行决策时，为了保证对各生产环节进行自上而下的有效控制，一般会从战略层、战术层和作业层三个层面制订详细的生产计划。造船业是传统的装备制造业，具有典型的多品种、小批量生产特征。造船企业在各生产环节进行决策时，需要依靠科学的方法，对企业生产经营状况进行实时分析，并充分考虑外部环境变化对企业的影响，以做出及时、准确、灵活的决策。对于造船企业来说，在生产全流程进行决策的压力与负担是很大的（梁贺君，2008）。

这样的生产问题呈现出了半结构化问题的典型特征，即为了有效计划、实施与协调船舶建造工作，需要在不同用户需求和当前主客观生产作业约束条件的前提下寻找最优的自上而下解决方案，而这需要先对不同方案下的损益值进行计算。

“图”的研制

经过若干年的技术变革和投入整合，造船工业已建成了较为成熟的计算机应用系统和硬件环境，并且积累了大量的原始数据，而正确使用和处理这些数据，以适应企业特点和满足企业的实际需要，需要借助企业决策支持系统等软件。

国内研究者在对原始数据进行清洗和存储的基础上，筛选决策制定所需的生产能力、人员配置、设备信息、产品成本、订单信息、进度信息、约束条件等半结构化数据，设计了生产作业安排模型、总生产决策模型、主生产决策模型等来支持决策，形成了支持企业生产环节决策的“智能导图”。

按图索骥与实施效果

借助该“智能导图”，企业可以对客户订单进行管理，对主生产计划的决策效果进行分析与评估，并呈现生产作业订单的生产加工过程，将大量混乱的原始的数字化信息转化为有序的、明了的、有用的信息。这样一来，管理者就能够对当前船舶生产情况有更为准确的了解，并在大量数据分析的基础上做出正确的决策。

案例二：城市管理中的决策支持

背景介绍

现代城市正在以飞快的速度发展着，创新的科技方案的出现、经济的快速发展等都极大地提高了人们的生活质量。随着城市的不断扩张和城市管理数字化、信息化水平的不断提升，城市管理问题的解决变得越来越重要，其难度也越来越大。城市是一个复杂、巨大的系统，当前的城市管理者在面对公共事务进行决策时，其所需要处理的信息往往是海量的甚至接近天文数字的级别，因此，快速处理这些信息并从中获取明确、清晰的可用于城市管理决策的知识，进而从众多方案中选择一个满意的解决方案，便成了一个凭借传统的经验与手段无法解决的难题（熊建芳 等，2006）。

城市管理是一个巨大的、复杂的半结构化问题。城市管理者要在城市发展战略、土地规划、城市基础设施管理等方面做出最佳决策，就必须考虑当前城市环境监测设备所提供的各类、各层面信息，访问实时的城市数据库，发现城市环境中影响生命安全的潜在因素，对战略的实施进行风险评估，等等。此外，决策过程中往往还存在许多不以决策者的意志为转移的自然因素、社会因素和风险。为了帮助决策者选出有效、优化的城市管理方案，有必要通过城市治理与管理职能决策系统对城市管理中所产生的大数据进行管理与分析。

“图”的研制

对城市进行管理，首先需要梳理出“城市”这个环境中的各个管理对象，这些对象包括工程通信设施、交通基础设施、文化遗产、工业设施、社会设施、城市服务和人。在对城市进行管理的过程中，需要围绕以上7个方面的信息进行信息处理和决策支持。

国际合作项目“数字城市治理与管理的法人信息系统概念计划”（CRISALIDE Project）提到了一种用于城市环境治理和管理的新型智能决策支持系统，旨在将现代智能地理信息系统（Geography Information System，GIS）应用于城市治理和管理的过程中。该智能决策支持系统基于上述7个方面的管理知识与信息，通过GIS接口、专家系统、数学功能库以及建模系统四者的结合为城市管理者的决策提供智能支持：首先，GIS接口和专家系统负责通过对实时更新的数据进行收集预处理，对城市中潜在的危险情况进行基于风险评估模型的计算和预测；其次，专家系统根据风险与所建立的知识库内知识之间相互关联的规则为决策者提供决策的依据；再次，建模系统对城市环境空间进行计算机建模，在城市管理研究专家的指导下形成可行方案，并结合数学功能库的功能对方案的成本、可行性、风险等进行数学计算；最后，智能决策支持系统将方法反馈给城市管理者，协助人们进行城市管理。这便形成了指导城市管理者进行城市环境规划与管理的完整的“智能导图”。

按图索骥与实施效果

城市治理与管理"智能导图"的设计，为辅助城市的经济和社会系统做出有效的决策创造了条件。应用现代信息技术对城市环境进行战略管理，可为城市的发展带来显著的效益。借助该"智能导图"，城市管理者不仅可以从实施环境监控的不同设备与方式中获取、处理、存储和可视化有关对象的信息，从实时城市基础设施情况、住房存量和土地利用等角度对城市环境进行分析，还能分析和预测违纪情况以及影响城市环境中生命安全的潜在因素，从城市战略等层面做出合理的行政计划和土地规划等。该"智能导图"的使用刺激了城市电子政务的发展，创新和使用现代信息技术的过程提高了政府管理的质量，为城市社会经济的发展提供了帮助。

案例三：知识驱动 B2B 电子商务谈判中的决策支持

背景介绍

随着互联网的出现，大多数公司都以不同的形式开展了 B2B 电子商务活动。与 B2C 电子商务不同，B2B 电子商务由于其较大的潜在交易量和业务后的货币收益，长期存在于贸易伙伴间，并通过进行必要谈判的形式展开。与 B2B 电子商务谈判有关的因素可以分为两类：结构化谈判条款（SNT）和非结构化谈判条款（UNT）。其中，SNT 涵盖了价格、数量、质量、付款条件等，始终是 B2B 电子商务谈判所希望达到的主要目标；而 UNT 涵盖了资源可用性、供应商偏好、劳资关系、公司文化等，虽然在谈判过程中

UNT 方面的内容并不会得到明确结论，但会对 SNT 的最终质量产生深远影响。一直以来，UNT 和 SNT 之间的关系在很大程度上被忽略了。由于 B2B 电子商务谈判中所需考虑的 SNT 和 UNT 的数量巨大，并且它们之间存在的因果关系很难得到有效处理，因此有必要将这两者及两者之间的因果关系纳入谈判，以客观、系统地做出谈判决策。解决这个专业、复杂的半结构化问题，需要诉诸谈判决策支持系统，有效处理谈判过程中各方面的信息与需求。

“图”的研制

解决上述问题的关键之一是管理与处理庞大的结构化与半结构化谈判条款并表示二者之间的联系，即设计与开发出有效的模型来对决策支持系统中的条款信息进行系统性分析，以生成包含 SNT 和 UNT 在内的明确的谈判条款。有研究者通过将“认知图”工具应用于谈判决策支持系统内的知识表示和推理引擎，较好地解决了在 B2B 电子商务谈判中无法系统性考虑 SNT 和 UNT 的半结构化问题（Lee et al., 2008）。

他们设计与开发了一个基于“认知图”的随机知识驱动的专家系统（CAKES-NEGO），可以使买卖双方之间无缝地进行谈判。CAKES-NEGO 由知识库和推理引擎组成，通过梳理买方对于谈判条款的认知图谱与卖方的认知图谱内的相关因素，并动态性考虑因素间的动态关系，对 SNT 和 UNT 及其潜在关系进行分析，从而支持对各协商条件进行系统性判断。图 3-3 展示了 CAKES-NEGO 的系统架构。

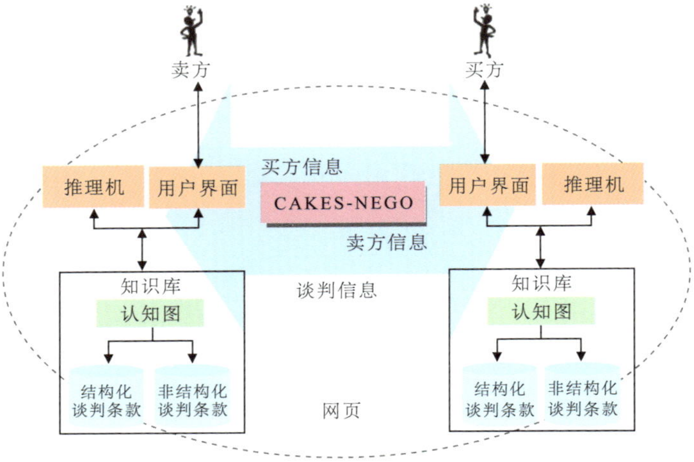

图 3-3　CAKES-NEGO 的系统架构

按图索骥与实施效果

B2B 电子商务谈判“智能导图”的设计，在很大程度上打通了买方与卖方关于谈判条款的相关认知，并通过基于认知图的方法将谈判过程中所涉及的结构化与半结构化条款及二者之间的关系进行了动态分析，为双方做出系统性的条款决策提供了支持。图 3-4、图 3-5 反映的是系统应用前后买方对于条款内相应要素的认知，从中可以看出，

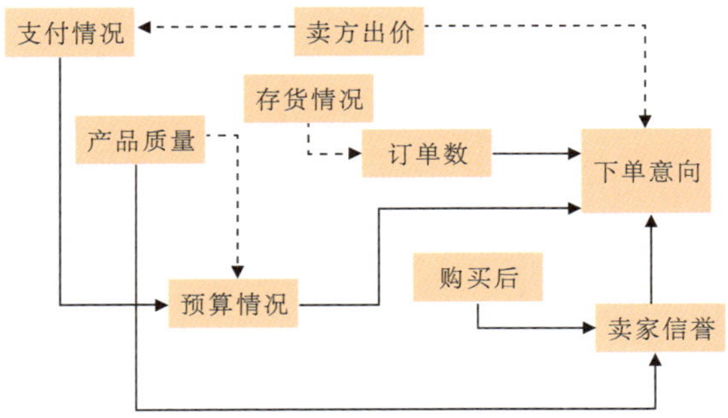

图 3-4　买方的初始认知

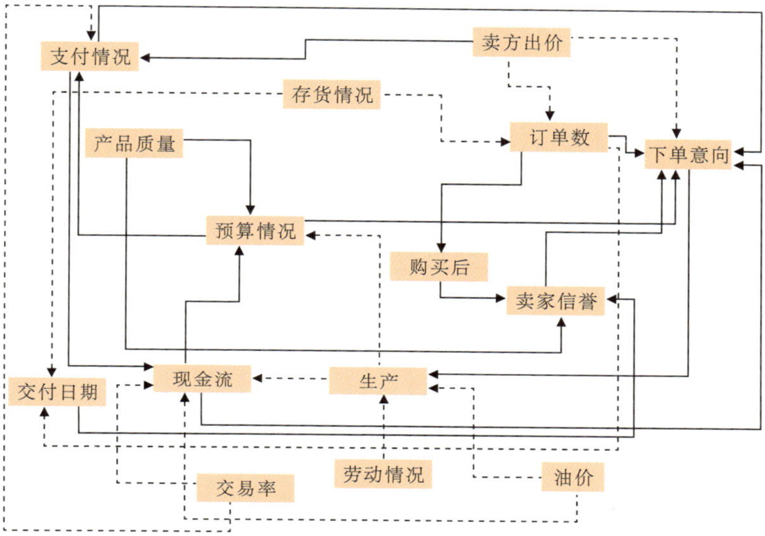

图 3-5　系统应用后的买方认知

使用 CAKES-NEGO 解决 B2B 电子商务谈判问题对决策过程产生了积极影响，提高了决策效果与绩效。

大多数谈判模型和理论都认为，长期合作、以双赢的精神建立有效的关系是 B2B 电子商务谈判最好的选择，并要求双方在谈判过程中高度参与。由于 B2B 电子商务谈判的特征之一是与合作伙伴建立长期关系，这与 B2C 电子商务的情况（短期关系更可取）完全相反，因此长期合作的重要性在 B2B 电子商务中不言而喻。“智能导图”在 B2B 电子商务谈判中的应用能够整合买卖双方对于谈判内容的不同认知，为制定更加细致、可行性更强、更符合双方设想的交易条款提供了有效的指导，在过程与结果层面打通了双方之间的信任关系，从而有效地辅助了 B2B 电子商务谈判的决策过程。由此可见，智能决策支持系统的设计与开发对于中观层面的专业领域内半结构化问题的解决也有较大的支持作用。

教育应用案例

案例一：支持课堂教学的教育决策支持系统

背景介绍

基于学生的学习绩效数据做出教育决策以改善学生学习的效果，一直以来都是大学课堂教学中教师面临的一大难题。首先，教师难以基于学生的学习态度、学习兴趣来设计与安排课程教学内容；其次，教师难以全面、及时地采集和记录学生学习过程中所产生的课堂成绩、学习行为、上课状态等海量的教育数据，并且缺乏对这些数据进行分类处理与分析的工具和方法；最后，教师难以利用先前经验针对学生在课程学习过程中所表现出的各方面问题，在教学安排、课程设置、课时调整等方面进行及时、精准和有效的决策。

这样的课堂教学决策问题呈现出了非结构化问题的典型特征：首先，教师具有明确期望达到的目标，即提高学生的学业成绩；其次，问题中存在不以教师在进行教育决策过程中的意志为转移的学生个人的认知、非认知和社会情感等因素；再次，根据学生所呈现出来的不同学习状态，教师往往会倾向于对不同的教学方案进行选择，而由此产生的教学效果可以通过考察和测试等方式进行对比；最后，在理论与实践的层面可以找出一个较优的解，以帮助教师更好地进行教育规划和促进学生的学业发展。

“图”的研制

为了更有效地帮助教师对可能的课堂教学策略进行利弊权衡和风险评估，以达到最优的决策效果，国内学者黄景碧尝试开发了一个针对学生学习绩效的数据驱动的教育决策支持系统（宋德云，2010）。

为了开发出行之有效的、能帮助教师进行课堂教学决策的“智能导图”，黄景碧博士提出了数据驱动的教育决策支持系统的原理与工程框架。一方面，进行教育数据建模和数据处理技术分析，为决策支持系统奠定数据基础；另一方面，对系统的架构进行设计，为系统理论框架的实践、后续软件的开发奠定基础。这一系统拥有系统功能模块、教育数据多维分析模块、教育数据挖掘模块和教育决策提交模块，从理论上为帮助教师制定和实施课堂教学策略提供了“智能导图”。

按图索骥与实施效果

利用该“智能导图”，在黄景碧博士的指导下，有大学教师基于两届学生八年的学习绩效制定了课程教学策略的决策：根据需求，互动式地从年份、学期、省份、性别、课程等维度统计学生的课程平均分、最高分、最低分、学生数等数值，为决策提供基于描述统计的信息；通过分类算法，发现学习者的学习兴趣；通过聚类算法，划分学习小组，以便开展协同学习；通过回归算法，实现成绩预测，设定课程的教学目标；等等。初步实践表明：该软件系统基本具备教育决策所需的多维分析、数据挖掘等功能。

案例二：促进教育资源均衡分配的决策支持系统

背景介绍

我国教育历经了几十年的发展已然形成了成熟的体系，但是由于各地区的经济发展不均衡等，区域之间、城乡之间、学校之间、学生之间的教育资源分配存在差异。要实现教育公平，促进教育的均衡发展，就需要均衡配置教育资源。

教育资源指的是教育过程中所需配置、使用和消耗的所有人力、物力和财力资源的总和，比如学校师资力量、软硬件设施、教育经费等。教育资源的分配可能涉及区域内部的土地资源、教学工具与仪器、教师的学历和教学能力、学校的办学层次和社会影响、学校的升学率等各方面的数据，涉及复杂多样的可以量化或无法量化的指标。因此，对教育资源进行计算和分配具有非结构化问题的典型特征。

“图”的研制

国内学者徐明成试图通过开发一个教育资源均衡配置方案选择智能决策支持系统，协助区域教育部门和相关教学机构更好地规划与配置教育资源，促进教育公平（徐明成，2008）。

为了开发出行之有效的、面向教育部门决策层的教育资源均衡配置方案选择工具，有学者从决策目标、决策准则、决策子准则、决策方案四个层次对影响教育资源分配的变量进行了梳理，如图 3-6 所示（陈映辉，2020）。

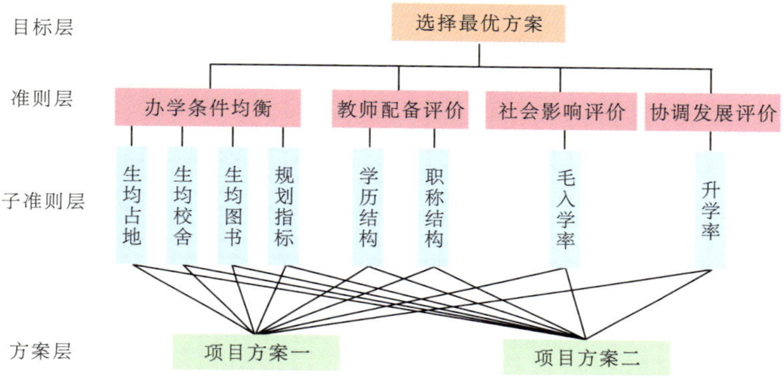

图 3-6　决策方案的层次结构

遵循上面的思路，该学者从教育资源分配现状、各详细标准在进行教育决策时所应占据的比重、各类型的教育资源配置方法建议以及完整的可行资源配置方案四个方面设计“智能导图”。首先，将学校建设标准、教师数量配置标准、教师质量配置标准、学校图书配置标准、教育普及率规划指标和教育发展协调程度规划指标等作为“智能导图”判断和提供教育资源配置方案的指标；其次，对“智能导图”做自动决策时所依赖的模型和模型所需数据类型进行规定和配置；最后，为了保证“智能导图”可以与人进行顺畅、有效的“对话”，对其人机交互界面进行具体设计。自此，能辅助教育部门进行教育资源配置决策的“智能导图”便诞生了。

按图索骥与实施效果

沈阳市教育部门为有效地缓解区域间、城乡间、学校间教育资源配置的不均衡，全面推进沈阳市义务教育均衡发展，从 2006 年开始，对办学条件差的县区、学校加大投入力度，重点解决校舍不达标的问题，并以此带动其他办学条件的改善。

沈阳市教育部门在依托“智能导图”解决校舍资源配置存在的实际问题的过程中，针对本地教育资源现状调整了教育资源配置方案中资源的种类，并根据专家咨询结果对各类资源的权重进行了计算，得到了计算最优“路径”的方法；在此基础上，针对专家实地考察后拟定的 20 个区域学校建设方案进行了智能计算，为特定学校选择具体实施方案提供建议。

拓展阅读与导读

半结构化问题是当前生产生活包括教育实践中常见的问题，同时也是智能技术赋能生活的重要研究对象。为了丰富读者对于智能技术解决半结构化问题的细节的认识，下面提供了拓展文献作为参考。

陈建华，钱慎一，卢中宁．校园一卡通系统的数据分析与系统规划 [J]. 工业控制计算机，2002(9)：10-12.

何卓峰．决策指挥平台在环境运输和城市管理的应用分析 [J]. 通讯世界，2019(7)：358-359.

黄景碧．数据驱动的教育决策支持系统（DDEDSS）设计与开发研究 [D]. 上海：华东师范大学，2012.

黄志成．基于数据挖掘的校园一卡通决策支持系统设计

与开发 [J]. 现代计算机（专业版），2009(12)：175-177.

李娜．校园一卡通决策支持系统的研究与实现 [D]. 上海：同济大学，2008.

李颖智，肖来元．基于电子决策剧场的城市管理决策支持系统体系架构研究 [J]. 计算机工程与科学，2014(9)：1812-1816.

赵培坤．基于数据挖掘的现代造船生产决策支持系统的研究与开发 [D]. 南昌：华东交通大学，2009.

周李，刘建平．决策支持系统在城市管理中的应用研究 [J]. 城市管理与科技，2002(3)：19-21.

Fakeeh K A. Decision support system (DSS) in higher education system[J]. International Journal of Applied Information System (IJAIS), 2015, 9(2):32-40.

Popovich V, Popovich T, Smirnova O. Intelligent decision making support system for smart city governance and management[C]//IEEE. 2019 International Symposium on Advanced Electrical and Communication Technologies (ISAECT).[S.l.]:IEEE, 2019.

Uvalieva I, Smailova S. Development of decision support system to control the quality of education[C]//IEEE.2014 IEEE 8th International Conference on Application of Information and Communication Technologies (AICT).[S.l.]:IEEE, 2014.

四 燃萁煮豆：破解非结构化问题的艰难探索

非结构化问题概述

什么是非结构化问题

在智能推理与决策领域，非结构化问题一直都是解决难度相当大的问题。它是指那些难以掌控、环境中能利用的信息有限、没有固定的解决公式和通用模型的问题。我们已经知道，决策一般可分为信息收集、设计、选择、实施四个基本阶段。若在信息收集阶段得到的数据或情报是不确定的，在设计和选择阶段没有固定的解决方法或算法，在实施阶段没有明确的标准来评价未来行动方案的优劣，那么问题就呈现出非结构化的特征。现在请你想象这样一个情境：你所在的公司想要办一场活动，需要做一张海报，领导让你做海报，而你又不懂设计，只知道活动的主题，这时你要怎么办？这其实就是一个非结构化问题，因为设计海报本身就有无限的可能性，而衡量设计出来的海报能否达到要求也无确定的标准。

什么是非结构化决策

非结构化问题的决策过程复杂，没有固定的规律可以遵循，没有明确的解决步骤，也没有固定的决策规则和通用模型可依，决策者的主观特征比如决策者的学识、直觉、判断力、个人偏好和决策风格等，对各个阶段的决策效果都有影响。相关决策往往是由决策者根据掌握的情况和数据临时做出的。这类问题对于人类而言有时都是难以解决的，更不用说对于计算机了。虽然难以处理，但人们还是在努力探索解决这类问题的可能性。蒋馥等提出了一种基于决策支持系统的非结构化问题信息处理机制，该方法需要建立一个信息解释结构模型。在该结构模型中，处于最顶端的是标志问题得到解决的目标，其下是服务于该目标的关于该问题的主题数据库，最下层是支持各主题数据库的子信息集（即可收集的量化信息）。吴应良提出了基于模糊理论的非结构化决策问题的解决方法，即将模糊数学引入非结构化问题的解决中，用于表示不确定的信息，使得非结构化问题在一定程度上呈现出结构化的特点。

智能技术支持的非结构化决策过程

智能算法需要依据数据进行预测，进而给出结果。由于结构化问题有确定的步骤与规则，所以智能算法不需要积累数据就能进行相应的处理。而由于半结构化问题具备一定的结构，所以人们使用智能算法或者规则处理部分问题，自己做出最终选择。但非结构化问题没有相对明确的结构，因此难以进行自动处理。一种解决办法是，通过将非结构化问题转换为半结构化问题，使得智能推理与决策技术能够介入问题的解决中。在将非结构化问题转化为半结构化问题的过程中，往往会忽略一些限制条件，所以应全面考虑解决非结构化问题的关键因素，通过提炼、概括和抽象使之成为一个半结构化问题，再结合人工做出最后的决策，最终完全解决非结构化问题。

非结构化情境典型案例

面对非结构化的问题情境，我们不试图一步到位解决它，而是通过将非结构化问题分解为一个半结构化问题和一个相对简单的非结构化问题来分别解决。半结构化问题可以通过智能算法给出相应的解决方案或者处理办法，而非结构化问题需要人参与解决。通过这样的方式，我们就可以让智能系统介入非结构化问题情境，并辅助决策。下面通过两个典型案例来介绍在非结构化问题情境下智能系统是如何辅助决策者决策的。

案例一：人员招聘

背景介绍

人员招聘就是一个典型的非结构化问题。在传统的招聘过程中，招聘人员是对应聘人员进行筛选的主要把控人，从开始的简历筛选，到最终的面试签约，都需要招聘人员根据应聘人员在整个过程中所呈现出的综合素质进行评判。能否快速准确地找到适合某个职位的应聘人员，与招聘人员的经验有非常大的关系，经验老到的招聘人员在筛选简历阶段就能选中一些潜在的候选人，再通过笔试、面试等最终确定是否聘用。但是随着行业的快速发展，人才招聘需求也在快速变化，这就要求招聘人员有极强的应变能力，同时也要求招聘优质高效。

在互联网时代到来之前，简历一般都是通过邮寄的方式送到招聘人员的手中，招聘人员需要通过这些纸质的文档搜寻所需的人才。而随着互联网时代的到来，很多公司都建立了自己专门的招聘平台，应聘人员可以将自己的电子版简历上传到该平台，招聘人员通过平台查看所有应聘人员的信息，然后通知目标人选。这在一定程度上减少了招聘人员的工作量，但招聘人员还是需要根据自己的经验来自行判断选择谁。这在应聘人员数量较少的情况下还是可以承受的，而一旦有海量的应聘人员出现这就会是一件较为烦琐的事情了。

燃萁煮豆与实施效果

对于人员招聘这个非结构化问题，我们可以将其拆分为筛选应聘人员信息这个半结构化问题和由招聘人员选择候选人这个非结构化问题。智能技术主要用于解决半结构化问题。

在筛选应聘人员信息阶段，智能算法可以帮助招聘人员进行初步的筛选，从应聘人员的简历中提取相关信息，从毕业院校与专业背景、实习经历、个人特征等方面将应聘人员与岗位进行匹配，并将匹配度较高的应聘人员推荐给招聘人员（见图4-1），再让招聘人员从中选取自己认为相对合适的人员。这样虽然仍不能一步到位解决招聘的所有问题，但是也在一定程度上使得人员招聘的工作变得智能化了。智能算法可以在招聘过程中为招聘人员提供决策框架，将招聘人员从重复的简历筛选、复杂的简历查重中解放出来，从而投入到对高价值职位所需人才的甄选工作中，提高招聘效率。智能算法支持的招聘工作流程如图4-2所示。

图4-1 选择候选人

我们可以看到，在这个案例中，尽管有些过程可以实现自动化，但是最重要的属于人的部分——“关系”，是无法做到自动化的，人际交往仍然是招聘的核心。也就是说智能算法在解决非结构化问题中往往起到的是辅助作用，即帮助人类做出决策。但人类的天性是“懒惰”的，甚至有人说是人类的“懒惰”促进了技术的发展，因为人类总想着让机器做更多的事情，从而解放自己的双手，让自己能做更喜欢做的事情。接下来我们将介绍另一个案例，看看人类是如何“偷懒”的。

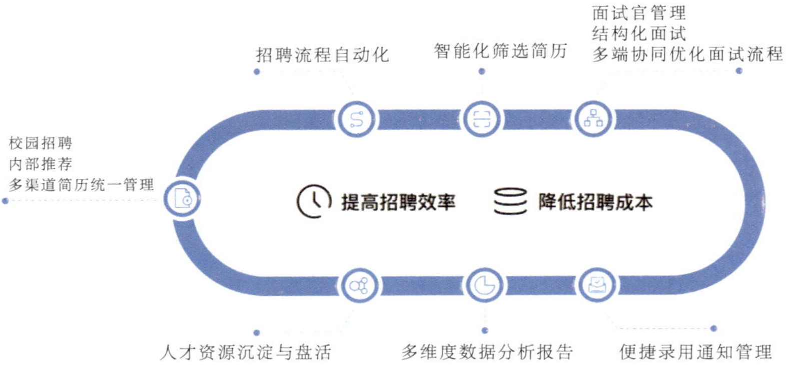

图 4-2　智能招聘流程

案例二：自动驾驶

背景介绍

汽车作为现代人必不可少的交通工具，极大地缩短了交通时间，为人们的生活带来了许多便利。但任何事物都有其两面性，2018 年世界卫生组织发布的数据显示，全世界每年因道路交通事故死亡的人数约有 135 万人，相当于全球每 24 秒就有人因交通事故丧命。造成道路交通伤亡的一个主要原因是车速过快，车速一旦过快，遇到突发情况时留给驾驶员的反应时间就越短，造成车祸的可能性就越大。而且，人类驾驶员如果长时间驾驶汽车，非常容易疲劳，这会增大发生交通事故的可能性。自动驾驶技术的出现就是为了解决这样的问题。机器能够比人做出更快的反应，并且永远不知疲倦，是一个很好的替代人类的选项。

但我们知道，驾驶汽车是一个典型的非结构化问题，因为在开车的过程中，每个时刻都有不同的情境，都需要驾驶员根据路况、车况、周边环境做出判断，决定是否转弯、加速、减速或者刹车等。驾驶员往往需要熟练的技术来安全顺畅地驾驶汽车，而随着技术的发展，一些特殊任务已可以自动完成。比如汽车在高速行驶时，是不能进行急刹车的，而应该不断地点刹，这样才能避免汽车侧翻，也能最大限度地保证驾驶员的安全，但是在紧急情况下，人类是很难及时采取较为正确的做法的，这时就可以让汽车主动判断这种情况，实施刹车操作，于是就有了自动防抱死系统（ABS）。这其实就将驾驶汽车的部分问题转化为可以自动解决的问题。类似的功能还有定速巡航（CCS）、自适应巡航（ACC）、车道保持辅助（LKA）等，这些技术的加入减少了驾驶员的一些决策，驾驶员可以集中精力去做一些无法自动完成的决策。

燃萁煮豆与实施效果

虽然现在的汽车驾驶已经达到了一定的智能化程度，但还不能达到人类的水平。于是人们就提出了自动驾驶技术的五个等级，用于衡量在开车过程中车辆与人所扮演的不同角色和所需要完成的决策。自动驾驶技术分为从 L1 至 L5 的 5 个等级（李颖智 等，2014）。通过对这 5 个等级的对比，我们可以认识到人们在解决汽车驾驶这样一个非结构化问题时，是如何一步一步将其转化为半结构化问题甚至是结构化问题的（陈映晖，2020）。

L1 级：驾驶员辅助。车辆负责方向盘和加减速中的一项操作，驾驶员负责其他驾驶操作。完全没有自动化配置的汽车要么早已经报废，要么已经被禁止上路。因此现在常见的车都是 L1 级的，在驾驶员驾驶过程中可干预行车状态的功能都可以叫驾驶员辅助，比如前面说到的自动防抱死系统及其升级版——电子稳定系统（ESP），还有定速巡航、自适应巡航或者车道保持辅助等。L1 级的自动化只提供某些结构化决策，驾驶的主动权还是掌握在驾驶员手中（见图 4-3）。

L2 级：部分自动驾驶。车辆负责方向盘和加减速中的多项操作，驾驶员负责其他驾驶操作（见图 4-4）。

图 4-3 自动驾驶 L1 级

图 4-4 自动驾驶 L2 级

L3 级：条件自动驾驶。由车辆完成大部分驾驶操作，驾驶员只需要集中注意力以备不时之需（见图 4-5）。

L4 级：高度自动驾驶。由车辆完成所有驾驶操作，驾驶员不需要集中注意力，但要限定道路和环境条件（见图 4-6）。

L5 级：完全自动驾驶。由车辆完成所有驾驶操作，驾驶员不需要集中注意力，不限定道路和环境（见图 4-7）。

图 4-5 自动驾驶 L3 级

图 4-6 自动驾驶 L4 级

图 4-7 自动驾驶 L5 级

L1 级已经存在好几年了，L2 级也很常见。我们正处于 L3 级的“风口”，而下一个目标就是达到 L4 级。我们的最终目标则是达到 L5 级。

从上述自动驾驶技术的发展中可以看到，我们往往无法一次性地完全解决一个非结构化问题，因此需要将它转化为半结构化问题或结构化问题加一个简化的非结构化问题，比如先让机器解决结构化问题，人类则负责解决非结构化问题。随着人类在非结构化问题上积累的数据越来越多，机器通过学习就能再次把简单的非结构化问题转化为一个结构化问题加一个简单的非结构化问题，这里所说的简单是对人类而言的，对机器而言则是十分困难的。通过这样一步一步迭代，一个看似难以用机器解决的非结构化问题，也会慢慢随着机器做出的决策越来越多，而实现由人类决策到完全由机器决策的蜕变。在这一过程中，数据起到了至关重要的作用。我们通过收集更多的人类过往的非结构化问题决策数据，来训练机器学习人类的决策过程，使之慢慢达到人类的决策水平。非结构化问题的解决需要非结构化问题决策数据来支持，故可称之为"燃萁煮豆"。

非结构化问题存在于生活中的各个领域，在教育领域也存在很多的非结构化问题，这些问题的解决往往都需要教师和学生的参与，但随着智能推理与决策技术的成熟，一些问题也开始由机器去解决。

教育应用案例

教育领域涉及很多决策问题，从学生作业的批改，到班级学习情况的诊断，再到区域乃至国家教育政策的制定，教育的方方面面都涉及决策的问题。随着智能技术在教育领域的不断应用，越来越多的教育决策问题得到了高效解决，比如自动测评系统、学生电子学习档案系统、学校管理系统等都非常好地解决了以前完全需要教师来负责的问题，极大地减少了教师的工作量。但是，在教育领域仍存在很多非结构化问题难以解决或没办法解决，比如学生作业的辅导、主观题或者作文的评分等，这通常需要有一定经验的教师针对不同的学生进行差异性决策。目前对这些问题的智能化解决仍处于初级阶段，一些所谓成熟的案例也只是理想状态下的简易版本。问题还需要分解，然后一步一步地去解决。下面介绍两个教育领域非结构化问题的智能决策案例，让我们来看一下智能决策是如何在其中发挥作用的。

案例一：个性化电子学辅服务决策

背景介绍

随着技术的进步和社会的发展，传统的无差别的教学模式已经无法满足学习者的个性化学习需求。实现个性化教学逐渐成为教育的旨归。不同学习者的学习风格、学习习惯、认知水平以及对教育的需求等千差万别并处于变化之中。我们很难建立一个非常完美的模型来刻画每个学习者，并为每个学习者做出十分契合其需要的学习决策（涉及学习资源、学习路径、成长规划等方面的内容）。因此，如何实现个性化学习，就是教育中的一个非结构化问题。

燃萁煮豆与实施效果

不知你是否发现，手机中的学习软件会自动推送你想看的内容或者自动提示你上一节课学习到了第几章的第几节。其实这些都是人工智能技术的最新应用。当你打开学习软件，你的登录退出、所点击的模块、学习的内容都会被记录在软件的后台，后台会根据你在软件上的学习轨迹为你规划接下来的学习方向。我们所提到的日常学习用的软件或者是网站在本书中统一被称为电子学辅平台。电子学辅平台是人工智能技术应用于教育领域最为成功的一个案例，也是当前自适应学习系统最佳的应用成果。接下来我们将通过一个具体的个性化电子学辅服务决策案例向大家展示人工智能是如何在我们的学习中扮演“智能贴身管家”角色的。

作业帮是一个电子学辅平台，提供中小学教育阶段学生的课外辅导和作业练习服务。该电子学辅平台功能丰富且强大，其中的“练习”功能体现了智能的个性化服务决策。学生通过“练习”功能找到自己想要练习的模块进行演练，演练过后，平台会自动判断对错并进行智能分析，形成个性化学习报告，如图4-8所示。这样一个从智能分析到生成评估报告的过程就是个性化服务决策的过程。学生根据自己所需选择个性化的学习模块，进行专题训练，然后系统会自动生成学生专属的练习报告，报告中包含练习的基本情况以及专属的练习评价，而且每次的练习都会记录在学生的个人空间里以供随时查看，学生可以由此获悉自己的薄弱环节从而继续进行强化训练。此外，平台在个人空间还为学生建立了专属的错题库，这个错题库存储了平时的错题，可以让学生知道自己该在哪个方面加强练习。这种个性化电子学辅平台能够精准识别学生的学习情况，发现学生的学习问题，并给予学生精准化的强化训练，在弥补学生学习中的薄弱环节上有着良好的效果。

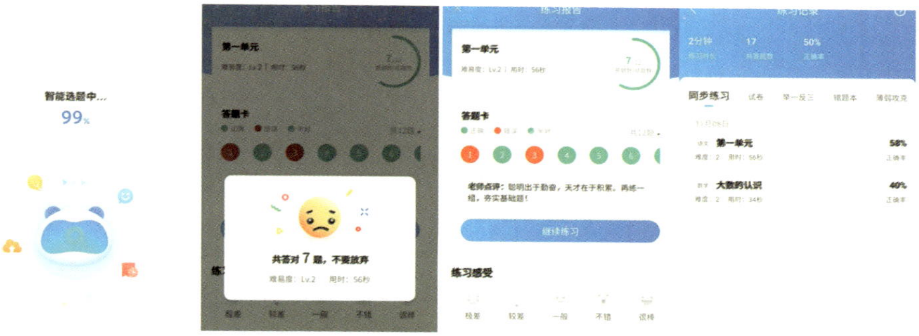

图 4-8　作业帮的个性化服务示例

案例二：英语作文的评分

背景介绍

想象这样一个情境：给你一篇手写的英语作文，请你给它打分，你会怎么做？有人说我会按照英语作文的评分规则和要点给出评分，而实际的情况是即便给出了评分规则，不同的人也会有不同的侧重点。有些人会关注文章的文笔如何，有些人会关注文章的词汇使用或者语法问题，还有些人会关注文章的逻辑结构，甚至还有人会关注文章的书写是否美观。对于这样一项工作，每个人会依据不同的方法和经验去处理，所以英语作文的评分是一个典型的非结构化问题。

在实际的英语教学中，特别是在大规模考试中，相较于客观题和篇幅较小的主观题（字句的填空等），英语作文的阅卷难度是最大的，需要消耗大量的人力和物力。而且个人主观因素对评分的影响很大，容易出现评阅标准不统一、结果不够客观等问题。一种较为理想的方式就是由机器代替人类完成这一工作。机器不知道劳累，且不存在主观性，对所有的文章都“一视同仁”。由机器负责评分，既解决了资源耗费问题，也解决了评分的主观倾向问题，可谓一举两得。

燃萁煮豆与实施效果

最开始的英文作文机器评分技术是基于规则的，先将一部分人工评分后的文章作为训练集，并人为设计一些特征项，然后系统对这些特征项与人工评分的训练集进行相关分析，最后给出相应的分数。使用这种技术的评分准确度可以达到 87% 左右，但是这样的方式也有其弊端，那就是对每篇作文的评分都要进行人工干预，且人工干预在其中起着较为重要的作用，这也给实际应用带来了一定的困难。后来，一种叫作潜在语义分析的模型开始被应用于英文作文的评分。该模型通过在语料库中对文本和词语进行统计分析，提取文本 - 主题和主题 - 词语矩阵，将文本和词语进行向量化表示，再通过向量相似度来为作文评分，可以达到 90% 左右的准确度。在这种方式下，只需要提供相应的语料库就可以使用模型进行评分，极大地减少了人的工作量，只是其准确度仍有待提高。第一个大规模应用于社会化考试的英文作文评分系统是美国教育考试服务中心（ETS）开发的 E-rater。该系统结合了多种技术，通过话语结构模块、句法多样性分析模块和内容模块等多种模块对作文的质量进行分析。其准确率达到了 97% 左右，是较为成熟的英文作文评分系统。深度学习等技术的发展则为英文作文机器评分提供了新的思路和方法。通过使用长短期记忆网络模型、词向量、建模文档结构、

Attention结构、迁移学习等，英文作文机器评分取得了更好的效果。

现在市面上的英文作文评分系统已经较为成熟，虽然不能完全替代教师进行作文的评分，但是非常便于学生进行日常作文练习。这些系统可以为学生提供作文评分、语法纠错、单词纠错等服务，在纠错方面甚至比教师都准确。学生可以根据系统的反馈修改自己的文章，提高自己的英文写作能力。

Grammarly是一款界面简约、功能强大的英文写作辅助程序。它主要针对英文写作，其特色就是拥有英文语法错误监测功能，如对单词的使用、语句的搭配等进行监测。

Grammarly的底层逻辑被封装成了应用程序接口（API），我们仅能从它的展现层了解一些它的信息。首先，它可以提供拼写校正，并能通过语境分析进行词汇应用纠正、语法规则纠正、标点符号纠正以及句式结构纠正等。其次，它的高级功能可以进行文章类型的预判，并可以对不同类型的文章进行校对，这其实就是在模拟教师批改作文时的做法。文章类型往往会决定整篇文章的行文风格和用词特点，而通过自动检测文章的类型，系统就能根据不同类型文章的词库，为用户推荐相应的单词和句式了。另外，它还可以对文章的原创性进行检查，并提供文章校对服务，当然这里的校对服务是通过人工的方式进行的。此外，Grammarly还可以为文章提供报告（见图4-9），报告包括对文章的整体评价和详细评价，报告样本可以参见其官网的报告演示。

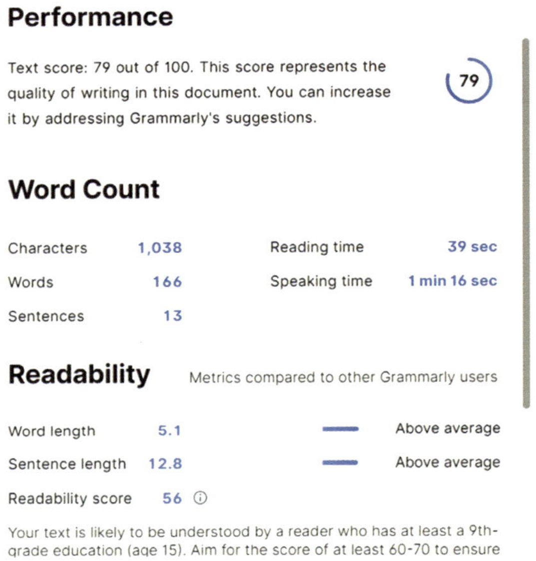

图 4-9　Grammarly 报告示例

Grammarly 能够自动对英文文章进行评分和语法纠错，能够很好地帮助初级英文学习者进行英文写作的学习，使学习者能够在英文写作上有更大的提升。

现在英文作文的评分仍未完全由机器承担，这一方面是由于技术上仍存在一定的缺陷，另一方面也反映了类似的非结构化问题的复杂性。智能推理与决策在非结构化问题的解决上仍然任重而道远。

拓展阅读与导读

解决非结构化问题是智能推理与决策的最终目标，要实现这个目标还有很长的路要走。当前对于非结构化问题的解决，人们提出的多是一些可接受的妥协方案（如努力减少问题的非结构化部分，增强非结构化问题的可表示程度），并不能真正做到完全的智能化。囿于笔者的能力，本书对于该问题的讲解还存在许多不足之处，下面推荐的文献对相关的智能推理与决策做了较为详细的解读，感兴趣的读者可以进行学习，以补充一些本书未涉及的知识。

陈臣．基于 Hadoop 的图书馆非结构化大数据分析与决策系统研究 [J]. 情报科学，2017(1)：24-28.

侯立文，蒋馥．一种基于 DSS 的非结构化问题信息处理机制探讨 [J]. 系统工程理论与实践，1999(12)：19-24.

李锋刚．基于案例推理的智能决策技术 [M]. 合肥：安徽大学出版社，2011.

梁彪．推理与决策 [M]. 广州：广东人民出版社，2002.

宋怀波，何东健，辛湘俊．基于机器视觉的非结构化道路检测与障碍物识别方法 [J]. 农业工程学报，2011(6)：225-230.

王素立，刘永．基于决策效用评价的信息资源结构化组织策略研究 [J]. 情报科学，2015(2)：21-24.

吴应良，李毅华．一种基于模糊理论的非结构化决策问

题的解决方案 [J]. 情报杂志，2008 (12)：54-56.

张文德，程涵，刘田．面向用户决策的高校信息碎片化整合模型 [J]. 情报理论与实践，2018(3)：64-67.

张英．智能决策推理技术的研究与应用 [D]. 合肥：中国科学技术大学，2009.

Bonatti R, Wang W, Ho C, et al. Autonomous aerial cinematography in unstructured environments with learned artistic decision-making[J]. Journal of Field Robotics, 2020, 37(4): 606-641.

Hou R, Kong Y Q, Cai B, et al. Unstructured big data analysis algorithm and simulation of Internet of things based on machine learning[J]. Neural Computing and Applications, 2020, 32(10): 5399-5407.

Intezari A, Gressel S. Information and reformation in KM systems: big data and strategic decision-making[J]. Journal of Knowledge Management, 2017, 21(1): 71-91.

Masum A K M, Beh L S, Azad M A K, et al. Intelligent human resource information system (i-HRIS): a holistic decision support framework for HR excellence[J]. International Arab Journal of Information Technology, 2018, 15(1): 121-130.

Mazzi V A C, Dumlao V C Q, Mourthé A C L, et al. Machine learning-enabled digital decision assistant for remote operations[C]. [S.l.]: Offshore Technology

Conference, 2020.

Mintzberg H, Raisinghani D, Theoret A. The structure of "unstructured" decision processes[J]. Administrative Science Quarterly, 1976, 21(2): 246-275.

Smith G F. Managerial problem identification[J]. Omega, 1989, 17(1): 27-36.

Smith G F. Representational effects on the solving of an unstructured decision problem[J]. IEEE Transactions on Systems, Man, and Cybernetics, 1989, 19(5): 1083-1090.

五　继往开来：智能推理与决策的生命力

进退维谷：教育领域智能推理与决策的发展困境

几百年前的人类也许不会想到，机器能够“代替”人脑进行复杂的问题推理和决策。人工智能技术使机器拥有更大的存储量、更快的处理速度、更长的运转时间，使得它们经常能够做出比人类更为准确和科学的决策，已然成为各行各业不可或缺的左膀右臂。教育行业也是如此，教育本身就是一个没有固定化结构的过程，更多情况下需要人类教育者的主观决断，而智能推理与决策技术的运用，无疑为教育工作的开展提供了更多的参考和借鉴。我们一直在追求的个性化学习因为智能推理与决策技术的参与似乎可以轻而易举地实现了，每个人需要的资源、方法、工具、课程组织形式等似乎都能得到个性化定制，看起来我们只需要按照机器的推荐按部就班地去学习，就可以达到最好的效果。但是，事实真的如此吗？或者说，当前的智能技术真的已经发展到能让人类完全信任并按照其推断结果执行的阶段了吗？这个问题的答案显然是否定的。

每一种技术的存在和使用，都紧紧依附于客观环境和现实条件。机器毕竟不是人脑，无法综合多种情境做出灵活的应变和综合处理，更多情况下只能依据人类赋予的程序或已学习的知识进行“力所能及”的推断，在实际的应用中难免产生各种各样的问题。

下面将从信息获取与处理、具体过程、实际应用、伦理道德四个角度来阐述目前教育领域智能推理与决策面临的困境。

教育决策信息的获取与处理

我们都知道，信息是一切推理行为的基础，有了信息才能支持我们下一步的行动，很多时候推理的机制也需要依据信息情况来建构。在教育中，只有掌握了分析对象的信息，才能有针对性地给出决策建议。比如：要制定某个区域的教育发展规划，需要了解该区域之前的教育政策、当前的发展状况、教师和学生的情况、未来的教育期望等各种信息；某学校要决定是否增设某门课程，需要考虑相关课程的开展经验、学校的设施情况、学生的意愿等因素。信息的获取是智能决策与推理中非常关键的一步，能否获取有效信息决定了推理和决策行为能否顺利开展。

教育决策信息不完整

对于每一样事物来说，与之关联的信息可能数不胜数，而这些信息可以从不同的维度反映事物的特征，关系着事物在自然界的存在与发展。教育信息就具有多维性，比如一个学生的信息不仅包括其性格、行为风格、能力水平等，还包括其成绩变化、所处的外部环境以及其他影响他学习的因素。反映情况的信息越丰富，推理决策的准确性就越高。如何尽可能全面地收集教育信息以用于智能推理与决策，是一个需要持续探索的问题。

我们需要广泛收集教育信息，但教育信息的分散性给这一过程增添了困难。随着计算机网络的发展，决策环境也发生了变化，用于推理与决策的数据往往不再集中在一个固定的物理位置，而是分散到了不同的地区、部门。若建立集中式数据仓库，不仅工程量巨大，而且效率比较低，相比之下，通过互联网将各地的教育数据统一运输到中心仓库就能够提升效率。目前普遍采用的是分布式并行处理的方式，但是由于决策的可行解本身也存在计算效率问题，有时顺序计算结构也会成为决策的瓶颈。此外，大数据信息广泛分布、相互关联，使得获取完整信息异常困难，数据中的“噪声”和缺失也会导致信息不精确。

教育信息识别不准确

教育信息的识别准确性对推理与决策结果的有效性有着至关重要的影响。确保信息能够反映真实情况，是进行推理与决策的第一步，但是目前教育领域很多信息的采集还存在一些问题。比如：关于教学策略实施的决策经常会涉及学生学习信息的采集，这时可能会用到语音识别、智能对话、公式识别等技术，但目前这些技术仍不够完备，采集到的教育信息不够准确，难以达到使用水平。如果识别准确率不能达到百分之百，那么这方面的智能推理与决策就很难得到广泛和深入的应用。

教育信息认知困难

智能推理与决策从根本上来说是在模拟人类的推理与决策过程，希望以此为基础实现更高效、更准确的决策，但是目前人工智能刚走出了决策认知的第一步，对人类的教育推理与决策过程的理解还局限在具有明确过程性和可计算性的部分。人的认知能力几乎是无限的，在实际教育情境中，人往往能够从各个角度综合考虑各方面的因素，积极应对各种突发情况和潜在风险，从而做出相对正确的决策。而智能技术在这方面还没有达到人的思维水平，对人类认知过程的模拟还有比较大的进步空间。

教育信息融合困难

在当前大数据决策的背景下，我们似乎拥有了海量的教育数据可供分析和推理，但是来自四面八方的信息结构不同、类型不同、频率不同、密度不同……，我们应当如何进行统一处理、化繁为简，消除信息之间的隔阂，以实现信息的融合与通用呢？目前基于深度神经网络（Deep Neural Network）的方法已经能克服数据类型多样的问题，但是还无法应对分布、频率等的多样性，多源异构数据的协同分析是进行推理与决策必须处理的难题。

教育智能推理与决策过程中的困难

不确定性推理决策

现实世界中的推理与决策存在很多不确定性，这种不确定性不仅指决策信息的不确定性，还指决策过程的不确定性。教育情境下的信息一般都是多样、随机的，且不同的人对信息的描述也各不相同，导致信息本身存在很大的不确定性；在处理过程中，人们对数据分析处理的需求不同，对不同类型信息的处理方式也不同，因此处理过程也存在较大的不确定性。具有不确定性的教育信息的获取需要合适的数学模型，而建立模型的难度大、成本高，在目前看来具有挑战性，在不确定的教育环境下针对复杂的大群体进行决策，更是当前研究面临的核心难题。

动态推理决策

大数据环境下用于教育决策的信息具有动态性的特征。人、机、物之间的交互随着时间的变化持续进行，不断产生新的数据，此时推理的机制以及决策的问题都需要根据最新的数据集进行相应的调整，也就是根据信息的积累形成对推理决策过程的反馈。因此，人们希望推理决策模型是一个具备实时反馈功能的闭环体系，能够实现信息和决策结果的动态更新。但这种动态更新的需求对现有的增量式机器学习方法来说是一项巨大挑战，还需要深入研究和调整数据分析策略并开发更新数据库的技术。

个性化推理决策

在大数据背景下，人们对教育推理与决策的个性化提出了更高的需求，主要体现在内容和形式两方面。在内容上，推理与决策服务不能仅仅局限于客观事实，还需要考虑用户的兴趣与偏好，提出具有针对性的教育决策建议；在形式上，推理与决策过程强调人机交互，简单的菜单驱动和多媒体界面已经不能满足大众的需求，因此需要进行多通道界面交互的研究。

在教育领域的应用存在困难

可借鉴性存在局限

人类希望智能推理与决策系统能够帮助他们做出完美的教育决策，但是实际上这种系统不一定契合实际教育需求并难以应用。一方面，技术还没有发展出将全部因素考虑在内并做出完美决策的能力，推理与决策的结果可能只能提供借鉴；另一方面，越是容易得出的决策，越需要人们进行理性的判断和审慎的使用。问题的结构化越明显就越不需要人类参与解决，这样的决策的实施其实是对技术可信任度的一个考验。因为最终做出决策的是人类，人类需要对决策负责，不管智能技术帮人类做了多少工作，人类都需要参与剩余工作来避免决策失误。

实际实施困难

技术最终需要落实在应用上，要发挥出真正的作用。智能推理与决策在教育领域的应用场景之一就是学校。传统的学校中的推理与决策一般由级别较高的管理者通过主观判断的方式进行。随着科学和技术的进步，管理者开始通过对数据的收集、整合、处理与分析进行更为准确的判断，而智能决策与推理就是要将这些人为的数据处理活动智能化，实现自动的分析和决策。但是现在面临的问题是，在学校这一特殊的环境中，教育活动环环相扣、联系紧密，进行一个宏观的决策往往需要最底层的数据，因此就必须从最底层开始对学校的技术系统进行重新架构。这可能需要更新设备、重新布线，甚至调整学校的组织管理结构，不仅难度大，而且成本比较高，因此在实际运作上存在一定的困难。

伦理道德问题

智能技术使用的伦理问题一直受到社会各界的关注。技术能够帮助人们获取更丰富更深层的信息，从而更有利于提升推理与决策的准确性，但是在获取这些信息时，可能会触碰个人的隐私或某些权利，从而引发伦理道德问题。比如：要进行学生学习路径的决策，必然要收集学生当前的学习状态信息，如果只有成绩数据，往往不足以对学生进行全面的判断，而利用摄像头捕捉、眼动探测、表情分析等技术能够更准确地分析学生现状，也更有利于推理与决策，但是被分析的对象很大程度上并不能够接受自己的行为或表情被分析，也存在个人隐私泄露的风险。社会不会允许有违道德伦理的技术的运用。因此，解决信息安全问题并应对伦理问题是智能推理与决策进一步发展的必要条件。

不破不立：智能推理与决策的技术突破口

加强人工智能基础研究

教育领域的智能推理与决策的发展首先依赖于人工智

能技术的突破性进展。人工智能技术本身还存在很多问题，一些基本技术还处于相对初级的阶段，如语音、图片、情绪的识别，自然语言的理解，深层的互动技术，等等。只有加强这类基础技术的研究，提升其准确性和成熟度，才能为教育信息的获取提供可靠支撑，从而使智能推理与决策得到更广泛的应用。

另外，还需要加强基础理论层面的研究。需要通过更深入的脑科学、认知科学、知识工程的研究，推动基础理论创新。智能推理与决策要以人的思维方式、以高于人类的效率和准确性进行决策，因此加强对于人类教育决策思维过程的研究很重要。

智能推理与决策方法的创新与综合应用

解决在教育领域使用智能推理与决策技术时产生的问题，需要综合运用智能推理与决策算法、模型和方法，例如机器学习、神经网络、模糊逻辑、遗传算法与专家系统的结合，定性与定量方法的结合，传统的偏好模型与专家系统技术的结合，专家系统与数据库系统的结合，等等。

针对推理与决策的不确定性，可以通过提供合适的数学模型实现对不确定性知识的认知和理解，综合运用模糊集、粗糙集、贝叶斯网络等工具进行问题分解和信息处理。

针对推理与决策过程中教育信息动态变化的问题，需要建立有效的自适应模型，在流式数据处理中自动调整数据分析策略并实现库的自适应更新。

针对推理与决策过程中的个性化需求，需要对交互技术进行深入研究，使用户可采用手势、语言等多种交互方式；可以考虑将用户模型与交互接口融合，根据用户特点解析需求、进行推理决策以及输出可视化决策结果。

加强实践与应用层面的研究

智能推理与决策技术的发展需要不断的实践检验，以发现不足并进行完善。因此，我们在关注如何提升技术的同时，还需要重视实践和应用层面的研究。大到国家教育方针的制定，小到课程内容的选择，不同的应用场景对智能推理与决策技术有着不同程度和内容的要求。我们一方面应从需求的角度出发，为技术的丰富提供更切合实际的建议，另一方面需要对开发出来的技术进行积极的运用，探索智能推理决策与教育融合的途径，构建不同教育场景下智能推理与决策应用的模式。

另外，智能推理与决策在教育领域的真正应用还需要促进教育流程再造，重构周围结构组织。由于决策方式的改变以及智能技术的使用，许多教学场景也会发生相应的改变，教师的教学方式、学生的学习方法也要与之适应。比如：使用智能推理与决策技术进行教学策略的选择，需要收集学生数据，那么学校就需要改变基础设施的配备；为了实现学生的个性化学习，学校、家长需要购买用于个性化学习的硬件支持系统；教师需要发挥智能推理与决策的优势，选择有效的教学策略；学生需要适应多样化的学习策略；等等。一项智能推理与决策技术的具体应用可能会牵扯很多方面的因素，既需要教育流程和周围结构组织配合改变，也需要对技术使用者进行相关的培训和引导。

构建智能决策与推理伦理框架，建立技术信任

依托数据的新技术都存在一定的伦理道德要求。首先，我们需要建立健全法律法规和监管机制，加强对科技活动的引导和规范。要在发展智能技术的同时树立风险意识，把握好使用智能技术的边界。

其次，我们需要进行智能推理与决策技术的普及教育，构建相应的伦理框架。各教育机构可以根据国家对人工智能教育的指示开展科普活动，提升全民人工智能素养，构建智能决策与推理教育应用的伦理框架。中小学应当设置人工智能相关课程，将伦理道德意识有机融入课堂，引导学生科学、正确地对待和使用人工智能技术。随着人们对智能推理与决策技术的了解及应用的深入，对表情分析等涉及隐私数据的技术也会有新的理解。

再次，我们需要从技术本身出发建立“算法信任”。智能技术依赖于背后的智能算法，现实应用中的一些决策失误往往是由“算法黑箱”和算法的不可解释性等导致的，直指信任与安全等问题。因此，需要积极探索构建有效算法信任的途径，形成智能技术中算法技术的伦理规范。另外，使用区块链技术也是扩大信任体系的有效办法，该技术的去中心化、开放性、独立性、安全性等特点使得整个系统对所有人开放，高度透明。我们可以思考如何将区块链技术与人工智能技术整合，在去中心化数据分布的情境下，构建更值得信任的智能教育推理与决策体系。

最后，我们需要对技术保持谨慎的态度，不能完全依赖智能技术进行一切教育决策。正如前文所述，智能技术存在局限，不可能达到与人类完全相同的思维水平。通过智能技术得到的决策结果只能作为一种参考，人类不能不假思索地全盘接受，人类仍需要保持在教育决策活动中的参与度，发挥智能推理与决策技术的积极作用。

来日可期：展望智能推理与决策的未来图景

随着人工智能技术的进步与发展，我们期待智能推理与决策技术为教育领域做出更大的贡献。当庞大的数据在云端汇聚集成，当芯片的服务能力大幅提升，当体系化的算法更容易封装与服务，当技术的推行畅行无阻……，我们期待智能推理与决策不仅能在技术层面上覆盖更多功能需求，也能向着更为智能与人性化的方向发展；不仅能为人类提供决策的技术支持，还能成为感性的人类伙伴。

全面化

目前智能推理与决策技术在教育领域的应用还处于探索阶段，且多为商业化模式应用，而在一般的教育情境尤其是学校教育中的应用还有所欠缺。如教育类 App 常伴随有个性化推荐功能，这实际上就是依据学习者数据进行智能推理的结果。如果在教育的每个环节，都能将数据有效记录并充分利用，就可以在不同学习阶段为学生提供更多的个性化支持。

大数据技术的蓬勃发展使我们有可能迎来一个数据联通的世界，未来所有的教育数据将被统一集中到云端，每一个智能推理机只要根据决策需要，从数据库中调取信息，再通过预定算法或模型进行计算，就可以得出最佳决策方案。这样的话，国家教育部门的工作人员可以清晰直观地看到国内教育数据统计情况，并根据智能推理与决策结果进行方案设计或修改；教育企业不用再去调查一个教育产品的成本、制造、供应等信息，因为自产品研发开始，所有的数据都会被记录，智能推理机会帮助企业对数据进行分析和推理，给出明确的下一步的生产建议；区域教育部门的工作人员可以借助智能推理机发现区域教育存在的问题和可能的改进方向，制定未来教育发展方案，进行教育资源的精准配置；学校领导者无须进行复杂的调查与约谈，就可以为有不同需求的教师制定培训方案。不仅如此，在日常教学活动中，教师也可以借助智能技术来提高选取教学策略、把控教学活动和排列教学内容的效率。

可以说，智能推理与决策技术的全面应用，将给教育领域的决策者们带来巨大的便利。但是在运用技术的同时，我们也需要更加谨慎，避免技术可能导致的错误、暗箱操作及由此带来的不利影响，让智能推理与决策技术充分发挥出本身的优势。

动态化

未来的智能教育推理与决策有可能成为一种动态进程。

以人工方式分析数据基于的是已经收集好的静态数据，当情况发生变化时，可能来不及进行数据的及时更新和决策的适当调整。而我们期待未来的智能推理机能够基于动态性的渐进式求解模型（该模型能够跟随动态数据及时调整），通过面向大数据的增量式学习方法实现知识的动态演化和有效积累，进而将结果反馈到决策执行当中。整个问题求解过程是一个集描述、预测、引导为一体的迭代过程，是一个完整的、闭环的、动态的体系结构。它有别于传统的相对静态的模式或多步骤模式，可实现对决策问题的动态描述。

在这种情况下，我们无须担心情况变化对已经做出的决策的影响，新的数据不断被纳入模型以及分析进程，智能推理机会基于新的完整数据实时提供新的决策结果。我们可以随时获取最新的建议方案，这对于掌控全局以及预测发展变化具有非常重要的意义。比如在一个学期中，教师可能需要录入学生的阶段性表现数据来生成下一阶段的教学方案，而未来或许可以实现学生数据的自动收集和动态更新，在任何时间教师都可以选择生成此时的智能决策，在更小的时间单位内进行教学反思和教学策略的调整。

个性化

每个人其实都是决策者，而每个人的决策需求、风格都不尽相同。智能决策与推理不应当只是一种通用技术，它具备服务特性，应当考虑服务对象的个性化特征。智能推理与决策在为教育领域提供服务时，需要考虑教育领域的特点；在为个人提供服务时，也需要考虑个人的角色和性格特征。因此，未来的智能推理机可能包含个性化定制功能，在不同场景中应用时需要进行一些预设定。在学校中应用时，智能推理机需要先生成学校的相关信息以及决策者的需求、偏好，甚至要生成重点考虑的因素以及不需要考虑的因素，以便进行更符合用户需求的推理与决策。对于不同的用户群体，如学校领导、教师、学生等，智能推理机应在功能、逻辑跳转、界面风格以及语言风格等方面有所区分，信息输出与呈现方式等也应当能够根据用户需求调整。

个性化的智能推理与决策将提供更舒适的用户体验，对用户更加友好。这是智能技术的追求所在，也是智能技术有效发挥其支持作用的必要条件。

拟人化

也许到现在你还认为智能推理机是一项帮助我们制定决策的技术或一台类似于计算机的机器，但是未来，我们或许有可能真正拥有一个“智能助手”。想象一下，它的大脑中存储了成千上万条关于你的各种类型的信息，它了解你学习生活的全部、你所有的爱好和习惯。当你不知道该去哪里借资料而求助于它时，只需要问：“我想找一本地理科普书籍，哪里可以借到？”它就会根据你的学习阶段、知识能力水平、阅读习惯等为你进行推荐。在这个小小的决策场景中，你不是在利用一台冷漠的机器得出决策结果，而是在通过手势、语言等与它进行生动丰富的交互。它不再是一台冷冰冰的机器，而真正成为你学习生活的伙伴。

现在你的手机上可能下载了很多课程学习的应用程序，它们每天为你推送作业计划、背诵计划、读书计划等。未来我们期待在一个智能推理机上集成多项功能。它能够应对不同层面的问题，能够像人一样自我学习，在一次次经验中积累对世界的认知，理解人的每一个问题，并给出富有情感的回答。如果未来的每个孩子都能拥有一个智能学伴，记录他的每个学习行为数据，随时提供贴心的指导和关怀，个性化教育也许就能真正实现。

我们永远无法预测未知，只能在探索中前行。秉持技术服务需求的理念，遵循依道德使用技术的观念，以科学严谨的态度探求新的技术可能，以大胆开放的心态积极实践教育服务，相信终有一天，我们会进入人工智能技术发展的新阶段，人类与技术会建立起和谐共处的良性关系，技术将成为人类生存不可或缺的伙伴。

参考文献

巴班斯基，2009. 中学教学方法的选择 [M]. 北京：教育科学出版社 .

陈映晖，2020. 基于智慧教学平台数据分析的教学决策 [D]. 长沙：湖南师范大学 .

黄景碧，2012. 数据驱动的教育决策支持系统（DDEDSS）设计与开发研究 [D]. 上海：华东师范大学 .

梁贺君，2008. 支持智能批改的作业在线系统设计与实现 [D]. 上海：复旦大学 .

乐观清，李述章，2004. 程序化决策原则分析 [J]. 理论探讨 (3)：75-77.

雷凤兰，2006. 物理教学中培养学生归纳与演绎推理能力的研究 [D]. 北京：首都师范大学 .

李颖智，肖来元，2014. 基于电子决策剧场的城市管理决策支持系统体系架构研究 [J]. 计算机工程与科学 (9)：1812-1816.

宋德云，2010. 教师教学决策 [M]. 重庆：重庆大学出版社 .

孙瑞林，2005. 高校科学决策与决策的程序化问题 [J]. 榆林学院学报 (1)：91-92.

王太忠，2013. 现代归纳逻辑理论的建立与发展 [J]. 科技视界 (17)：70-74.

王雪华，2000. 两种层次结构化决策方法的理论与应用研究：AHP与AIM[D]. 大连：大连理工大学.

西蒙，1982. 管理决策新科学[M]. 北京：中国社会科学出版社.

熊建芳，高继，任贺宇，2006. 基于ASP. NET的ADO与ADO. NET分析与研究[J]. 计算机与现代化(7): 36-38.

徐明成，2008. 现代教育技术[M]. 北京：电子工业出版社.

杨斌宇，2004. 基于案例的推理在智能决策支持系统中的应用[D]. 长春：吉林大学.

余其铨，1992. 恩格斯哲学思想新探[M]. 北京：北京大学出版社.

岳成浩，成婧，2016. 危机能管理吗？：基于西蒙决策理论的视角[J]. 中国行政管理(2): 136-140.

张朝珍，2016. 教师教学决策的运行机制研究[M]. 北京：中国社会科学出版社.

Aamodt A, Plaza E, 1994. Case-based reasoning: foundational issues, methodological variations, and system approaches[J]. Communications, 7(1):39-59.

Lee K C, Kwon S, 2008. CAKES-NEGO: Causal knowledge-based expert system for B2B negotiation[J]. Expert Systems with Applications, 35(1-2):459-471.

Pearl J, 2000. Causality: models, reasoning and inference[M]. Cambridge: Cambridge University Press.

Smith G F, 1989. Managerial problem identification[J]. Omega, 17(1):27-36.